父母必读养育系列图书

AI时代

慢养的勇气

林美慧 著

台湾著名幼教专家

北京出版集团公司

北京出版社

著作权合同登记号

图字：01-2017-6357

图书在版编目（CIP）数据

AI 时代　慢养的勇气 / 林美慧著 . — 北京：北京出版社 , 2018.4

ISBN 978-7-200-13893-1

I. ① A… Ⅱ. ①林… Ⅲ. ①家庭教育 Ⅳ. ① G78

中国版本图书馆 CIP 数据核字（2018）第 029941 号

AI时代　慢养的勇气
AI SHIDAI　MANYANG DE YONGQI
林美慧　著

*

北 京 出 版 集 团 公 司
北 京 出 版 社　出版
（北京北三环中路 6 号）
邮政编码：100120

网　　　　址：www.bph.com.cn

北 京 出 版 集 团 公 司 总 发 行
新 华 书 店 经 销
北京瑞禾彩色印刷有限公司印刷

*

710毫米×1000毫米　16开本　9.625印张　120千字
2018年4月第1版　　2019年4月第2次印刷

ISBN 978-7-200-13893-1
定价：35.00 元
如有印装质量问题，由本社负责调换
质量监督电话：010-58572393

推 荐 序

1

　　中国台湾著名幼教专家林美慧邀我为这本书写几句话，我答应了，但是过了很久才动笔。不是因为以前没有给朋友写过书籍推荐，而是我被这本书深深地吸引了。要了解透这本书的核心意思，我从头到尾读了 3 遍，还反复看了部分章节，越看越觉得这本书的推荐很难写得恰如其分，因为这实在是一本大家之作。这本书现在才出版，我觉得很遗憾，我年轻时没有读到这么有价值的书，不然，对孩子的教育，我会按照这本书的提示去做。

　　我深深被这本书的主旨和思想打动。我从事大学教育 40 多年，包括在澳洲的一所大学教书 30 年，我做过博士生导师，评审过不少硕士、博士论文，却从来没有看到过在指导幼儿和青少年成长方面有如此切合实际、让人深刻思考的好书。原因很清楚，因为谈理论再多，也没有从实践中所吸收、归纳的经验更可贵。林美慧正是从自己亲身实践体验中总结出对幼儿和青少年的教育思想的！

　　这本书给我印象最深的是林美慧全身心地投入幼儿教育事业，她把自己的生命贡献给了她热爱的儿童，她像慈母一样对他们关心爱护。她的思想和方法，又与大多数父母不同，她不只是尽到一般"父母"的责任，仅在生活上对子女百般呵护照顾，或者像一般幼教阿姨把幼教仅仅看作是"看护"孩子，而是始终如一，坚持培育孩子们的道德品行和他们将来进入社会所应具备的处世能力。"幼教"，教也，要培育孩子良好的品行和应对、解决问题的能力，这才是幼教的真谛。林美慧不愧是专家、大家，她做到了，做得非常出色！用她的教育方法，你将不会再是一个糊涂的父母、失败的父母，因为你的孩子将有能力在将来的社会中应对挫折、自强不息、纵横捭阖，成为社会和事业的创造者、家庭的荣耀。

如何培育儿童向来是国家和每个家庭最关心的大事。是的，无论政府还是家庭，每年都在修改制定教育"大纲"，目的无非是要达到规划出来的目标。为此，每年都要检查、检讨。从幼稚园到大学，教育者不断总结、报告，目的只有一个：知识、知识，你达到要求的水平了吗？至于道德品行和应对困难挑战的能力以及进入社会如何处世的能力，那就让那个复杂、充满变数的社会去教吧！知识固然重要，才艺也很重要，可是，正如林美慧书中讲的，"大多数家长对于教养问题、孩子行为、学习安排……有着五花八门的焦虑及困惑。除了关心健康以外，大家的焦点无外乎分数、名次、竞争、就学、未来出路等问题，总之'赢在起跑线'的观念确实绑架了不少父母与子女之间的亲子关系"。那么，你是不是也是焦虑、困惑的父母呢？如果是，你该怎么办呢？我们每天都在感叹：这个世界发展变化太快了，那么，如果你的孩子没有修养，没有养成应变能力，没有坚强的毅力，你怎么能放心呢？我们有无数失败的前例，也有非常多成功的榜样，都是怎么造就的呢？根源是什么呢？这的确值得我们认真思考，也必须思考，你认为呢？

林美慧的这本书，用她亲身经历的事实"故事"，向你展示了她的思考，她带你一起讨论，爱，应该是什么样的；教，应该是什么样的；我们要达到什么样的目的；我们应该如何对待自己的孩子，怎么做才正确，怎么做才恰到好处。这些"故事"引人入胜，每个都发人深思。可是，我们做父母的，不是也同样经历着每天发生的"故事"吗？你有没有聪明到把你身边发生的"故事"跟自己的孩子和对孩子的教育联系起来思考？你有什么样的"故事"？又做怎样的思考？我相信，读了这本书里的"故事"，我们都会变得聪明起来。 别以为这些"故事"只是些"小故事"， 它可关系着你的下一代，关系着他们的未来，关系到你的家庭的成败！

我热切地向你推介这本书。你可以了解到一位兢兢业业奋斗不息的幼教专家是如何培育着下一代的，她的教育思想、她的睿智、她的丰富经验和她的慈爱、博大、细致入微，这一切都是为了你的孩子！当然，最重要的是这本书，它会指导你如何正确地关爱、正确地养育你的孩子。还有什么比你的孩子更牵动你的心吗？读了这本书，它会让你找到正确的思想和方法。我是被深深打动的，我相信你也会。

许玉增博士

于澳大利亚 La Trobe 大学

推荐序

2

  "天下没有教不会的小孩，只有不会教孩子的父母。找到一把好老师的钥匙，就是多鼓励与称赞孩子的优点。"当我收到《AI时代　慢养的勇气》一书原稿只有 53 页，但我发现这是一本重质不重量且最有价值的智慧分享，作者都是用讲故事的方式，让读者意犹未尽。书中所讲内容激发读者思考，且主动深入搜寻原来的出处，例如"小孩不笨"，两小时影片我从头看到尾，不时两行热泪，最感动我的一幕是孩子拼命存钱直到有一天出了问题，他回复爸爸说："我存钱，因为我想要买爸爸的 1 小时来看我的毕业表演会。"原来有一天爸爸回答孩子："我没有空儿，我有一个演讲，我 1 小时钟点费是 500 元。"孩子在毕业表演会上对爸妈们说："每个人都有一个梦想，我的梦想就是爸妈来看我的毕业表演会。记得我小时候在爸妈的鼓励和称赞下，自己跌倒了就会再站起来，当时自己有多幸福，自己都不知道，但是渐渐地长大，鼓励和称赞就渐渐消失了。多鼓励人家，多称赞人家，多看人家的优点，有那么难吗？ 其实在每个人心中都有一个好孩子和坏孩子，只要唤醒每个人心中的好孩子，他们就会把最好的拿出来，赏识就是一股最强大的推动力，这股推动力也许只是一句话，一个表情，也许连你自己都不知道。"

感动落泪经常伴随我阅读的过程，我最难忘与获得最大的启示，还有林美慧院长最擅长与孩子的对话方式，作者在她女儿小时候，母女一起听音乐时，说："请你等一下要注意听音乐，告诉妈妈，音乐里说了什么故事，好吗？"女儿说："好，可是妈妈，音乐里面没有人在说话啊！"妈妈说："有啊，现在妈妈告诉你，音乐里说了什么故事。"有一天，妈妈如常与女儿一起听音乐，女儿突然告诉妈妈说："妈妈，现在换我告诉你，音乐里说了什么故事。"优质的亲子陪伴就是孩子学习成功的第一把钥匙，启发孩子往天赋潜在的兴趣能力方向去发展与成长，就是教育的本质。

作者看到一朵掉落的百合花，不忍丢弃，把它插在花瓶里，天天细心呵护，它最后长大成为一株强壮的百合花，作者说："所谓的'缺陷'及'不完美'究竟在生命中代表了什么？面对孩子的表现不如你的预期蓝图和偶发的状况，我们又会有多少的察觉力和包容力呢？"作者举不完的真实故事，故事中的孩子们，不约而同地表示，如"因为父亲给我的是学习里的肯定与乐趣！""亲子间最有智慧的相处莫过于孩子生命层次的完全接纳。"

【让我们一起思考】作者带领读者思考问题的同时，不但学会了如何运用创意的鹰架提问技术，还可以与案例中的孩子同步对话提升优质亲子／师生／亲师沟通能力，我们也成为能适性的提供孩子／家长／亲朋好友们，内心愿意接受的有用帮助的人，例如："人生中总是处处充满'意外'，不管是好的或坏的；回想一下你是用什么态度面对这些'不速之客'？如果有机会重来，你会不会调整或改变你的态度？""阅读以上的内容后，你对孩子的教养方式和心态会不会有什么样的转变？为什么？""找时间沉淀下来，拿一张白纸写下你觉得你的孩子有哪些优点和潜能，好好保存下来，并随时拿出来提醒自己是否对孩子有足够的包容与启发。""如果我们是这些人孩提时代的父母和师长，在每一次面对问题抉择时，就算众人不看好，我们是否能承担起'相信孩子'，为孩子指出正确方向的重责压力？是否依然还能让他们拥有合适的成长环境，完成今日这般的成就？会不会也许就是我们的态度和选择，让原本可能是更有成就的孩子，失去关键启发契机？"作者送给读者帮助孩子学习成功的第二把钥匙就是提供适合孩子兴趣与能力的学习成长环境，孩子会主动与环境中的人、事与物等学习刺激互动。

　　我更惊喜地发现：原来师生／亲子互动，可以用下面这么简单的方法就奏效了，作者告诉不爱睡觉的孩子："今天你不用睡午觉，我们做一个轮流讲悄悄话的游戏，好不好？"孩子就很自然地说出她不爱睡觉的原因了。

　　作者送给女儿的"幸福存折"，成功地培养孩子，从小拥有生活中必须要磨炼的隐性能力和价值观，比如，责任，对工作的正确态度，面对问题的解决能力，金钱转换的价值观等，我相信那才是孩子一辈子真正的财富与幸福。

魏惠贞

台北市立大学幼儿教育学系副教授

推 荐 序
3

读这本书稿时，正赶上是中秋节，团圆的日子，家人齐聚一堂的时候，于是，脑子里出现了这样一个问题，每个家庭会怎么安排小朋友呢？是给他们准备好游乐的玩具，规定好时间，调整好生活作息，还是用 ipad 或者各种不健康的零食让他们不要吵闹；当家族聚会孩子们发生争执的时候我们会选择息事宁人，还是会借此机会教会他们如何与别人社交。

我想，如果你做这些选择之前，能够看到这本书，一定会给你带来不同的思考。

这本书最棒的地方不是作者故事的精彩，也不是有价值的总结，而是带给我们每个人的启发。

在每一个故事之后是作者对读者的提问，而每一个问题都是父母平时应该思考，但又会忽略的问题。作者并没有给出这些问题的答案，因为在教育的路上，确实没有标准答案，只有符合个体的成长规律与适应社会发展，以及和家庭匹配适当选择。

如果在个人成长这条路上只有一个答案是肯定的，那就是家庭教育是不可替代的核心。

人一出生就有家庭，就会受到来到爸爸、妈妈和其他家庭成员的影响，从开始被影响的瞬间，作为独立的生命，学习也就开始了。

吃饭、睡觉、刷牙、洗澡，孩子们学习的是如何让自己生存及在家庭中收获的安全感和稳定。父母如何帮助孩子学会吃饭、睡觉和生活上的琐事，也是最早地建立了孩子和别人的关系。如果父母用贿赂的方式让孩子吃饭睡觉，孩子们内心中就会明白用"物质"来要求别人是有效的，如果父母用"威胁"的方式让孩子完成生活上的琐事，孩子意识到恐吓别人的效果；如果父母用"替代"的方式自己为孩子完成这些任务，孩子们会感受到的是自己的无能，那么如果父母用"合作"的方式、用"坚定"的方式呢？孩子们会感受到的是尊重，自己责任和规则的重要性。

这一切，都是从家庭开始的，也是学校无法替代的价值。

学校是一种学习的组织形式，不同的时代学习的组织形式会发生很多不同的变化。

世界上最早的学校是苏美尔的"泥版书屋"，考古学家推断这所学校建造的时间在公元前 3500 年，这也是人类最早的学校。世界上最早的义务教育学校出现在 1619 年的德国。今天，全世界的学校在推出不同的内容，也在不断替代过去的模式，创造新的内容。

我有理由相信，在将来，学校这样的组织形式将被替代，或者说学校依然存在，但是现在全世界普遍建立的学习模式和载体将被一种新的方式替代。而这种趋势已经在很多年前就开始展露了，全世界范围内出现了在家上学的群体，出现了互联网学校，不仅是学习的载体发生了变化，就连学习的内容也在发生改变。

无论世界速度变化多快，无论科技如何进步，永远无法替代的就是家庭，以及家庭对每个人产生的影响，而在世界快节奏和科技更新换代的步伐中，**家庭教育的价值就更加重要**。

在这样的"快"中，就更需要家庭教育的"慢"。

"慢"不是顺其自然，也不是消极等待，而是让父母更关注孩子的成长过程，不仅是结果；更关注自己陪伴孩子的每一分钟，而不是匆忙地把他们推给学校；更关注生活本身，而不是靠分数进行评价的技能水平。

这些，也就是《AI 时代　慢养的**勇气**》中作者在慢慢给每一个阅读者讲述的故事。

兰海

成长教育专家

自 序

教育永续　智慧传承

　　我特别热爱教育，走访过不少国家和许多城市，因此我特别关注到一件非常重要的事。在少子化的现象下，家中绝大多数的资源和关爱，都一心一意地奉献给了家族中唯一的宝贝。普罗大众对于教养孩子这件事都存在不少观念上的迷思和内心的焦虑。因为，孩子的成长和教育，既不能等待，也不会重来。

　　现代父母所欠缺的不是教育经费或是关爱，在望子成龙、望女成凤的传统枷锁下殷殷企盼，即便是不断地付出，有些孩子在爱的激励中成就自我，有些孩子在爱的束缚中迷失自己。

　　同样是爱，有些父母圆了心愿，有些父母却濒临失望。心血的投入不少，却造成孩子的压力与怨怼，其中的关键或许就是当下那一点点的"父母智慧"。

　　所以，在写这本书的时候，我知道现代父母的压力已经够大了，其实不需要太多的大道理，我选择从亲身接触的事件中精选出 16 篇亲子故事，搭配深度延

伸解说，让父母透过阅读故事的方式，融入情境，借助 30 多年的专业亲子教育
经验及趋势，轻松地抒发父母内在的盲点，从而使父母、教育者由内而外更深层
地察觉和省思。

此外，这本书还有以下几个精心设计的特点：

○每个案例故事及延伸都准备了【让我们一起思考】互动引导，让读者边喘
息，边反思："如果是我，会如何处理？"

○我期许这是一本"活"的书，因为你每一次的阅读不必急着去找完美的答
案，反而可以从旁观者角色冷静细细思考当事人的处理方式，寻找到自己合适的
方法，通过一次一次的阅读，从而能有更好的想法。

○这也是一本引入绘本想法的亲子教育书，让父母与孩子都更能融入书中的
情境，并给予他们思考的空间。

○这是一本能够提供父母想法与方法的亲子书。

○这是一本试图建立父母与孩子双赢关系的亲子书。

○这是一本不只看现在的问题，更放眼带领孩子迎接未来的未知。

○你可以把这本书当成父母亲子教育的故事书，一本希望能为父母减压的书。

○如果，你还没有成家或生子，我希望你能当作是在看故事般，没有压力地看这本书，并可以从故事的情境中，以及后面的互动中，发挥你热心助人的天性，看看该怎么做会比较好。

我期待透过亲子教育的探讨，陪同父母一起窥探为何亚洲学生通常能赢在起跑线，但却无法顺利地赢在终点？

在我过去办学的体验中，我很明白地告诉家长：虽然我无法保证孩子在这两三年的入园期间能够学习到多少知识和能力，但是我却可以明确地保证，孩子一定会带着喜欢学习、主动学习的态度，面对未来的人生旅程。所以，这本书我给予读者的承诺是，我会带领父母以正确的心态，接纳孩子、了解孩子、协助孩子！

透过这本书，我很确信自己以赤诚的心守护 30 年对教育永不熄灭的热情，秉持着真诚耕耘的精神，以同理心给予迷惘的父母一些启示和关键方法，为培育孩子的使命感平添一双智慧的翅膀，从容地抚慰渴望得到帮助的父母与孩子。

目　录　CONTENTS

第六章
无法替代的
环境教育

前　言

○

"家"是孩子心智的孵化器

> 天赋仅给予一些种子，而不是既成的知识和德行。这些种子需要发展，而发展是必须借助于教育和教养才能达到的。
>
> ——伊安·凯洛夫

未来，我们将面对什么？

一家卖传统刀削面的店家门口站满了好奇的围观群众，大家议论纷纷，个个目不转睛地盯着门口的机器人——是的，没有看错！机器人竟站在门口锅炉边，非常利落一致地削着手臂上的面团。

老板很开心地说引进机器人除了能吸引人潮外，更重要的是机器人有严格的

SOP（标准作业程序）削面质量。老板这么做是经过精打细算的，引进的机器人是 24 小时工作不嫌累的员工，除了初期的购置成本和定期的维修费用外，不需要考虑劳工与雇主之间的权利义务关系与员工各种情绪等问题，大大增加了面馆经营的稳定度，老板十分满意，觉得机器人太好用了！

最近的媒体报道显示，伴随着机器人研发与产业结合的成熟度的提升，即将有 45% 的产业逐渐被机器人取代。这不禁让人有错综复杂的感受，我的内心忧喜参半，甚至可以说是忧虑多了一点。

很多人开始在疑虑，从车可以无人驾驶到无人服务的餐厅，只要按按钮就可以取餐，就有热腾腾的美味佳肴可吃……这么多天方夜谭的事都在以最快的速度来到我们的时代，那么未来人类要做些什么呢？

这个问题恐怕以前的人没有想过，现代的人还来不及想，而我们的孩子却要很真实地去面对这快速发展的新时代。我觉得这一代的孩子很辛苦，压力也将会更大，因为现在他们还在接受"过去的教养方式"，却要面对未来的问题。

教育是人类最珍贵的进化与养成，反观现在科技不断追着人跑，未来需要更全面、更专业的先进人才，但是现在所提供的这些"未来人"的教育思维与方式却仍停留在 20 世纪。未来让孩子面对的不是如何驾驭科技的问题，而是如何跨越深植在孩子心中"沉疴的思维逻辑"与"解决问题能力的不足"。

我读到一份研究报告指出：牛津大学教授 2013 年依据美国职场现况分析预

估，未来 20 年将有 47% 的工作会消失。美国劳动部也提出类似的报告认为：孩子们长大以后的工作有 65% 还没被发明。感觉机会减少了，但潜藏的创造力却在大幅度地增加。还没准备好的人很容易被洪流淘汰，准备好的人才却多了许多空前翻转的大好机会，我们的孩子到底会站在哪一边呢？与其纠结他们准备好了没，不如思考你选择什么方式来教育你的孩子。

看到这里，也许你要大声地问：现在是信息爆炸秒速传递，地理空间全面压缩，人际关系全面"国际化"的时代，我不是教育专家又如何处理这么复杂的局势？我们父母能做的就是多赚点钱投资在孩子的教育上。如果你这么想或是这么做，恐怕又要让你失望了！联合国教科文组织在针对未来世界所需要的人才趋势分析中，提出了很重要的真实教育与未来能力两个部分：其中 45% 来自于"显性能力"，也就是学校所提供具有分数评比性的知识、语言和专业技能；而更大比例则来自于 55% 的"隐性能力"，这种没有分数评比的综合养成能力，而这"隐性能力"恐怕考倒了不少的教育工作者和千千万万的家长！

不容忽视家庭教育

"隐性能力"总的来说我把它诠释为着重于品格、观念思维和格局视野 3 部分，更贴切地说这些未来具有竞争性的能力养成，更大的养分需要来自于家庭教育的功能。

也许你已经开始期待我列出一、二、三怎么做的办法，虽然我在教育领域研究和实践已经 30 多年，还是没有办法提出一套标准的公式供你照本宣科，不是我不会，而是因为"一种米养百种人"——教育难就难在没有一种万能的、成功的方式能适用于所有人。

但是你千万别灰心，也不需放弃梦想，世界再怎么进步，科技始终来自于人性，人类之所以能成为万物之灵，是我们拥有特别细致、特别灵敏、潜力无穷的身心之灵。父母的角色是一种天职，只要顺着大自然的法则、以慈悲为本的心教养孩子，滋养孩子的心灵，生命之花便能超越时空，结满累累的智慧之果。

孩子的成长既不能重来，也无法等待。在如此重要的发展黄金期，我只能陪着你，热情地说一些故事给你参考。在这些故事里或许有你或你孩子的影子，这些故事虽说不上有"逢凶化吉"的神力，至少会在"不能重来"的教育路上，可以作为你营造亲子关系的借鉴，或是教养子女四两拨千斤的助力。

快慢不能决定成功与否，方向正确才是最近的距离。无论世界发展的脚步有多快速，我们都要有耐心陪着孩子慢、慢、慢……地长大。

从"双输"到"双赢"

在我办学的过程中与亲子演讲的场合，我常常有机会面对各种不同类型的父母。大多数家长对于教养问题、孩子行为、学习安排……有着五花八门的焦虑及困惑。除了关心健康以外，大家的焦点无外乎分数、名次、竞争、就学、未来出路等问题,总之"赢在起跑线"的观念确实绑架了不少父母与子女之间的亲子关系。

依照我的归纳整理，大多数父母所关心的问题几乎都是外在的因素，很少有父母肯认真地思考自己的作为。除了以辛苦赚来的钱提升孩子的能力外，自己到底还能发挥哪些作用，是否可以成为孩子成长中最有分量的助力？

我很遗憾地发现，现在有一种"双输家庭"普遍存在。父母觉得自己在社会上赚钱很辛苦，但是为了孩子的未来与成就，宁愿省吃俭用、含辛茹苦把钱花在孩子的教育上；另一方面现在的孩子，下了课从这个补习班到那个兴趣班，父母除了工作，还要充当车夫接来送去，每天奔波于孩子的学习路上，就连一家人的晚餐都在车上草草结束。

而当孩子长大些，父母开始检视自己的投资时，却发现孩子对于父母所安排的各项补习毫无兴趣，当然学习的成效也不怎么令人惊艳。父母难免显露失望之情，孩子也觉得很委屈，回报父母的经常是"这是你要我学的，我又不喜欢"。

父母辛劳付出换来的却是孩子不成熟的学习经验和推卸责任的态度，亲子关系负数成长，彼此怨怼，在我看来真是可惜又遗憾啊！

父母的"慢养智慧"

当医生宣布我们即将成为父母的那一刻，我们可能有超过 60 年以上的时间都要担任这个既不能辞退又无法重来的重要角色。大多数人对于学习的认知就是为自己将来有更好的发展而努力，鲜少有人为了要担任称职的父母而提早做好准备。

没有人生来就是理想父母，但却可以通过学习而成为天才父母。很多父母期待拥有人人称羡的好子女，却从来不曾对自己所扮演的角色理性自评与学习，因此父母的角色给人的印象常常是操心多，做对、做好的少。

其实，幼儿及儿童最好的学习方式，绝对不宜"逆势而为"，单方向地从大人的角度"灌输"孩子知识或集中发展某些家长认为比较有用的能力，甚至强制孩子进行"超龄"学习。操之过急的想法，无异于揠苗助长，让孩子面临学习挫折及压力，更严重情况还可能造成拒绝学习，结果事与愿违。

就我对教育长期的关注与辅导，可以归结一个根源的教育理念：在孩子发展的黄金期，父母和师长如何协助孩子创造"环境"与"机会"，并顺势加以引导，远比"让孩子学些什么"更有价值。这段期间孩子能体会"快乐学习"将远比现在学到什么来得更重要！

在生活上，做事的态度和方法固然非常重要，然而父母的角色应该要更超然一点。首先，要先建立好的观念，其次是好的教养方式，在和谐气氛下成长，教养也能达到四两拨千斤的好效果。父母除了承担责任外，与子女之间应该共享更多亲子关系的幸福感。

温馨提示

● 教养的引导重点在于正确的学习过程，而非急求快速与结果。
● 培育的关键不在于金钱的付出，贵在于用心陪伴的智慧。
● 放手让孩子学会解决问题的好习惯和能力。
● 主动学习轻松开启无限潜能的大门。

第一章

以爱之名

爸爸的脚踏车

> 孩子像一块洁白的布，不知不觉就染上了色彩，母亲的教诲，礼仪家教自不
> 必说，甚至连大人下意识的动作也被他模仿，这种吸取是无微不至的。
>
> ——池田大作

20 世纪 50 年代的中国台湾正处于农工业起步阶段，每个人的家境都不富裕，每个家庭几乎都生养很多孩子，父母忙于家庭生计与温饱已经无暇分神的情况下，疏忽了孩子生活细节的照料也算稀松平常。

那个年代最普遍的交通工具就是脚踏车。小时候，每当傍晚时分，我和妹妹总会在花园门口等候父亲下班，期待着爸爸脚踏车大大的后座，总会载着神秘的礼物回家，即便是一个大西瓜、一串香蕉、故事书或父亲最喜欢的花花草草与各式盆栽……总会为我们的生活带来惊喜。

不知道从什么时候开始，我只记得有一段很长的时间，爸爸脚踏车后座不再有神秘礼物，取而代之的都是一些流着黄鼻涕、穿着脏兮兮制服的小哥哥，我和妹妹不解地问爸妈为什么要常常载他们来家里？爸爸不说话，总是笑着摸摸我们的头代替回答。

在当时要经过联考才能升上初中，原来，爸爸总是带着这些在学校交不起补习费的学生来家里辅导功课。妈妈也会忙着准备热腾腾的馒头先填饱这些学生的肚子，然后静静地在旁边帮他们把制服上几乎快掉光的纽扣——缝上新纽扣。没有神秘礼物的这段时间，我和妹妹好像多了许多哥哥一般。

　　我记得爸爸总是和蔼地对他们说："孩子，别难过！虽然你们的父母经济有困难，但千万不要放弃升学的机会，老师会帮你加强功课，只要你肯努力，将来家里一定可以脱离贫穷。"

　　就这样不管晴天或下雨，爸爸总是无怨无悔、不求回报地骑着脚踏车载着学生来家里补习，天黑了又载他们回家。

　　十几岁那年，父亲因为疲劳过度，生了一场病而离开了我们。不过，那群小哥哥没让父亲失望，也都顺利升学，进入职场后都有很好的成就和影响力，而且每年教师节或过年，这些小哥哥还是会持续到家里来探望母亲。

　　在我的成长过程中，这些曾经受到父母照顾的学生，总是不忘分享他们对于我父母的回忆和缅怀。父亲在黑夜里骑着脚踏车送他们回家的烙印，已成为他们人生中不可磨灭的激励。我想这也是至今仍让我热心于教育领域，不断耕耘的重要原因吧！当时我的父母基于老师的职责与无私的爱，以实际行动来关怀和鼓励学生，也许正因为这份爱和支持的力量，激励着这些原本想放弃升学的孩子，让他们在逆境中有奋力向前的动力，因而改变他们原本被局限于现实的命运。而我，也在这样的身教环境中，体悟到"爱是无形的力量"！这是父母在我幸福存折里留存的宽度和深度，一辈子受用不尽的爱。

让我们一起思考

- 我觉得我的父母一直以身作则教育我，如果你是我，你会受到什么影响，有哪些启示？

- 你是否已经准备好以身教来影响你的孩子？你觉得该怎么做？

- 你是否认为只有富裕的父母才能教出优秀的孩子，还是认为有什么更为重要的因素？

- 如果你是故事中的一位学生，会对你有哪些影响和改变？

热爱教育工作是父母留给我最丰富的人生资产

依循着父母热爱教育工作的脚步，我踏上了教育之路，这也是父母留给我最丰富的人生资产。

学成后，我创办了幼儿园，积极实践我对于"每个孩子都应该得到尊重"的教育理念——我体认到孩子不只是仰赖人来教育他们，不如让孩子和环境的互动，潜移默化地挖掘他们丰富惊人的潜力！

例如，洗手是一项很基础，也很重要的卫生习惯，我相信增进孩子洗手的乐趣，会比频频叮咛洗手来得更重要！于是透过对孩子的观察与认识，我着手设计了一个非常有创意又有趣的洗手台，孩子们只要用脚一踩，水就如小瀑布般从天

上流下来。这种与平常不一样的洗手方式，自然更能吸引孩子们的好奇心，只要一到下课时间孩子们就会自动跑去洗手，久而久之，不仅不需要太多教条式的管理，也可以在享受轻松乐趣中养成主动洗手的好习惯。

我希望有效地除去孩子们习惯于在家长重复的命令与督促中学习与成长，这种方式无形中矮化了孩子的自觉性与尊严感，我相信只要多用点儿心意，透过环境的互动与习惯的养成，假以时日，孩子必然显现大器的特质。你看过外交官家庭的孩子吗？他们在重要的迎宾宴席中，小小的手很自然地主动伸出，自信地握手行礼如仪，这就是家教与环境的影响力。

此外，我的校园里不管是坐着、站着、躺着都可以看到艺术品，随时能听到美妙的音乐，这些艺术的养分仿佛空气一般，在周遭自然弥散着。要不要学画画不重要，要不要学音乐没关系，但一切从欣赏开始，从小自然而然地在心灵中种下美学的种子，正如"平沙万顷中留一粒草籽，见雨即芽"。

孩子的学习方式应该很开放的，做法就像五星级饭店的自助餐，我们只需要在环境中布满诱因，等待着孩子随时到来的学习动机，并可以满足不同发展、不同气质的孩子，帮助他们找到最合乎自己的学习资源。

这些教育的元素不是期待他们个个都成为天才，我深信"环境"可以和孩子对话，并让孩子在其中发觉内在的自我，怡然自得。这么多年的经验，我发现从这种环境孕育出来的孩子，必定散发一种成熟的自信和喜欢学习的特质！这也是我至今仍充满期望、坚持与传承的动因。

让我们一起思考

● 《天下杂志》曾探讨言教和身教的问题，文章中提到，如果家长希望下一代有良好的价值观，除了自己身体力行，在生活中认真看待这些价值，并提升自己的价值观，实在别无他途。

● 不少人可能会觉得这么做负担太重了，但是不妨换个角度来看，这是与孩子共同学习的好机会。

● 这篇文章也提到，认同父母、和父母一样，是孩子最大的愿望。不过前提是大人能获得他们的爱与仰慕，让他们有安全感。在充满信任和关爱的氛围中，孩子较容易接受父母的价值观，并尝试效法父母，努力成为和他们一样的人。反之，经常处罚孩子的严厉父母，即使出发点是好的，还是很难成为子女的正面榜样，孩子从父母身上学到的，往往是严厉的管教手法，而不是价值态度，而且从小被暴力对待的人，往后也容易有施暴的倾向。

● 所以我很感谢我的父母，让我充满想法，坚守教育岗位并信心十足地走下去，这是我父母身教留给我的宝藏。那你觉得你的身教会留给孩子什么呢？

分享时间

亲子关系有如镜子呈现的一体两面，一个不求上进的孩子多半来自于父母对孩子要求过高，或者父母对于自己要求过低。喜欢抱怨的孩子必然有一个负面思维的家长，自以为是的孩子是父母溺爱的必然结局，不懂是非的孩子必然有一个不明事理的家长，或是一个专制、喜欢替孩子做所有决定的家长。

父母的言行、观念、做人做事的态度，就如同一份原件，家庭环境就是一部复印机，而孩子则是复印出来的文件。有一天，当你发现复印出来的文件有误，请问你会在哪里加以修改？

我的儿子是"老大"

不论你生来聪明与否，要满足，不要漠视自己的天赋，随着天赋发展，你便会成功。

——西德尼·史密斯

小强是大班的孩子，每天早上都还是由奶奶背着他进教室。为什么已经上大班了，还需要长辈背着上下课呢？原来是奶奶觉得孙子还小，所以舍不得让他走太多的路。

其实，小强在幼儿园里一向生龙活虎，他有打人、讲脏话、比不雅手势等坏习惯。有时甚至会拿一些小东西送给小朋友，并借此名目来命令小朋友不准和某个同学玩。

小强的爷爷经营一家颇具规模的旅游运输公司，因此他从小接触的环境中，总是有比较复杂的人，再加上爷爷比较富裕，他的父母便不需要工作经常赋闲在家。在他印象中，爸爸经常喝酒，妈妈经常打牌。我们也曾经听小强的妈妈抱怨说，小强的父亲爱喝酒、闹事、打架，经常进出警局。

因为小强的偏差行为，学校多次通知小强的妈妈到校面对面恳谈出现的问题，尽管妈妈不太愿意配合，但在老师三催四请之下，终究还是来了。

我们先取出小强的画作让妈妈欣赏，并告诉她，小强真的很有艺术天分，他的绘画和捏塑作品非常生动，老师还特别在课余帮小强准备许多美劳材料，希望鼓励培养他绘画的兴趣。同时，我们也告知小强的妈妈，孩子有非常多不恰当的行为，大都来自从家庭环境接触模仿。小强非常需要家长的辅导，学校方面也会通过培养其创作的乐趣来削弱小强的负面行为。但是，妈妈看到小强的作品，却有些不屑地说："画图喔，那将来会有什么出息呢？"

小强妈妈的神情透露出不悦，不耐烦地说："园长，其实您不用太费心，我帮小强算过命。大师跟我说，这个孩子本性叛逆，上了初中之后，恐怕我还要时常到警局把他领出来。"

我接着说："小强年纪还小，而且非常聪明，只要好好教育他，多注意身教，日后就能避免这些偏差问题的产生。"

听完这些话，小强妈妈却提高嗓门儿，同时伸出大拇指说："哎呀，没用啦！算命大师还说，我们家小强以后可是一位大哥大级的人物啦！"

这些话顿时让我哑口无言，我从小强妈妈的眼神里看到，一位母亲对于儿子将来会成为大哥大级人物感到非常骄傲，她觉得比起老是无端惹是生非的丈夫，小强会有青出于蓝而胜于蓝的成就。她的嘴角似乎露出了一丝让人感觉诧异的骄傲感！

让我们一起思考

● 你觉得造成小强问题的关键是什么？如果有什么改变，会好一些吗？

● 你觉得小强的奶奶疼不疼爱小强？小强的妈妈呢？但是最后可能会有什么样的结果？为什么？

● 你是不是从上面故事中的点滴发现，其实小强是一个聪明的孩子？为什么？

● 想想看，为了孩子成长及未来，作为父母有没有什么其实是应该改变与改善的？

孩子不应该是父母的复制品

小强生长在一个复杂和价值观扭曲的环境中，但他的未来或许是一位才华横溢的艺术家，或许是一位黑社会老大，还是其他种种的可能，真正的决定性影响并不是算命师的断言，而是一家人对于家庭教育与生命价值的态度——在于家人选择的是正直关爱，抑或是偏差扭曲。

每个孩子都是怀有各自能力的个体，每个人都拥有不同的天赋，父母不应该把孩子视为个人的私有资产，用自己的价值观来决定孩子的方向，当然更不适宜将孩子精雕细琢，作为完成自己梦想的代言人，来彰显身为父母的身份和地位。

在怀孕时期，大多数父母会说："我只期待宝宝健健康康地出生，快快乐乐地长大就好！"可是曾几何时，随着孩子的长大，期待的心情也在逐渐改变。

我常常看到父母对孩子的期望，是会把自己过去的某些遗憾、未完成的梦想投射在孩子身上，或是期许孩子可以被打造成自己所希冀的对象。

扪心自问，这真的完全都是为了孩子好吗？就算是我们倾尽全力、花尽辛苦赚来的钱，试图把别人的成功复制在自己的孩子身上，即便是自己也甘之如饴地期盼孩子未来开花结果，然而这真的是最适合孩子未来发展的一条道路吗？

让孩子寻找自己

有位已过五十的医生朋友，他经常很感慨地说："我从小热爱阅读、热爱文学，很喜欢写文章，期待将来能和我熟悉的文豪一样，成为一名作家。"

但是当年的环境是不允许他选择梦想的，再加上个性乖巧顺从，功课又一向名列前茅，于是，人生的过程中，选择医学院是父亲为他做的决定，结婚的对象是母亲为他做的决定，生几个孩子是老婆自己决定的。

他总是终日忙于医院的工作，等到星月高挂回到家时妻孩都已入睡，加上长久的工作压力和生活状态，孩子跟辛勤的医生爸爸关系十分疏离。这一切让他感到疲累、内心孤寂，觉得都已过了半辈子，看尽人生的悲欢离合、生命的陨落，可是却从来没有为自己的愿望争取过。

于是他鼓足了勇气，在他五十岁生日时，向父亲表示，他想为自己做一个决定，他想出家修行。

家人都很讶异他提出的愿望，为此思索和挣扎了很多天，终于勉为其难地召开家庭会议，最后他的父亲说："儿子，这回爸爸帮你完成心愿，我已经在家附近买了一块土地，你可以盖个道场，以后你就在自己盖的庙里修行吧。"

虽然不完美，最终家人还是干预了一些决定，但是对于那位医生而言，也算是迟来的圆梦。可是如果每个人的梦想都要等到迟暮之年才有机会实现，甚至一辈子都无法如愿以偿，会不会太悲哀了？

在权威型的亲子关系中，父母始终扮演着指挥官的角色，决定孩子该向左，还是该向右。有些人因此到终老都未曾感受到自己生命的价值与快乐，过度保护或将孩子占为己有的心态，也往往造就时下年轻人无法承担责任、遇到挫折就闪躲的现象。

想想当你责备孩子时，听到的是孩子理直气壮地说："这是你决定的，又不是我自己想要的！"内心作何感受？

纵使你深切期待着，经过严格调教，规范孩子将来能够为拟定好的目标加倍努力，虽然你尽忠职守，以爱为名，权威为实，一味为孩子做太多的预设、铺陈和决定，没想到最后恰好给足孩子推卸责任、逃避问题的理由，往往孩子长大了，父母的期望却落空了，这样的遗憾比比皆是！

让我们一起思考

● 你曾经有过因为父母不允许，或者因为其他现实因素而放弃的愿望或理想吗？到现在这小小愿望还存在心中不时跳动着吗？

● 如果你曾经有过被父母或现实抹杀的愿望，想一想，现在对于自己的孩子是不是也只能用和父母相似的方法去处理问题？还是可以想尽量用两全其美的方法？

● 你愿意和孩子交换曾经有过的愿望或理想吗？能不能引导孩子借此实践愿望或理想来学习如何拟订计划和确定目标，以兼顾学业和梦想？

分享时间

西谚有云："父母的心不该无限上纲，以爱为名，试图左右孩子的未来，甚至亲手打造了孩子的心灵牢房。"一颗小如芥子的念头不经意地入了心，根也就在不知不觉中被喂予养分，然后恣意生长。而孩子的心是最纯净的，无论正面和负面的念头皆能长成大树。在快乐中发展自己的孩子才能拥有信心，潜能无尽。

家长若愿意蹲下来，用孩子的角度看世界，这样的距离更容易倾听孩子的需求。如果你愿意敞开己见、多认识孩子、多尊重他，相信您将会见识到孩子最珍贵与无限的潜力！

灯塔下的阴影

一个有智慧的人，才是真正一个无量无边的人。

——奥诺雷·德·巴尔扎克

　　学校里有一姐弟，他们的妈妈是对宗教非常虔诚热爱的教徒，每次我与这位可爱的妈妈谈几句话之后，"感谢主！感谢主！"她便不由自主地脱口而出。

　　她喜欢在交谈中宣扬主的恩慈，有时她也会主动打电话跟我说："园长，我把主的爱传递给您，让我们在电话中一起祈祷吧！"虽然我经常因为她的信仰热忱而感动，但是也多次发现一个现象，她的时间安排似乎常常忽略到孩子的成长状况，有时连孩子的生活起居也因此受到影响。

　　这对姐弟每天搭娃娃车回家，而我却经常接到娃娃车司机的电话："园长，小姐弟已经到家了，可是家里都没有人在呀！"这已经不是一两次了，我想小姐弟的妈妈应该又在教会忙碌了吧！于是司机和随车老师只好陪着孩子们在车上等待，直到天黑了才见妈妈匆匆赶来一直道歉。

此外，老师也留意到，有时候这两个孩子经常穿着前一天穿过的衣服，很显然是没有换洗过，虽然孩子并没有其他的异样，但是几次下来，我和老师们心中都有一些疑惑和感慨。

为了孩子，有些改变是必需的

为了体谅家长，我试着改变娃娃车接送的顺序，尽量安排小姐弟最后到家，甚至还考虑到孩子的安全和感受，不惜增加成本让孩子先留在园里，请娃娃车送完其他孩子后再返回园里接送小姐弟回去，但这样的努力并没有改变什么，孩子还是常常必须在车里等妈妈回来。因此，我觉得我不得不站在孩子的立场，好好

与这位家长沟通一下。

于是，在一个合适的机会，我向这位妈妈提起这件事，我告诉她，对于父母的晚归，孩子的心里其实是充满不安和期待的，每个小孩都希望在放学回家的时候，有父母的迎接和温暖的拥抱。而妈妈却回答我："园长啊！我每天忙教会的事忙得分身乏术，主赐给我力量，教会需要我，所以我才会耽误回家的时间，请司机先生和随车老师见谅。"

我相信上帝爱每一个人，包括这对姐弟，既然妈妈认同主，愿意宣扬他的爱，但儿女们正值成长阶段也特别需要父母的照顾和关心，在此之际何不把主的爱也分享给自己的一对儿女？

让我们一起思考

● 你觉得上文中的妈妈问题可能出现在哪里？如果是你，有什么两全其美的方法吗？

● 如果你是上文中那对小姐弟的爸爸，你可以找到更好的处理方法吗？

● 如果你不同意她的做法，而你又是她的好朋友，你会如何提醒她？

● 除了你与另一半，是否有其他紧急联络人，若发生类似的状况，是否可以让孩子在第一时间得到妥善的处理？

● 现代父母常常因为工作忙碌，造成生活步调大乱，但是如果这已经是常态，是否能在孩子的生活及时间安排上，提早做好应急方案？

做一个有智慧的人

有句谚语："灯塔的远方是明亮的，而灯塔的下方却是黑暗的。"我们非常感谢社会上确实有很多人每天忙于参与公益活动，奔波在各个需要提供协助的场合，但如果因此而忽略甚至荒废家庭应有的生活，我觉得这就有待商榷或讨论了。

家里的孩子时常吃着冷饭、冷菜，厨房水槽里堆积如山的碗盘，脏衣服没时间清洗，更没时间好好照顾孩子。这些状况对正在成长的孩子而言，是莫大的伤害！因为这会让孩子在成长的过程中，无法在家中得到应该有的温暖及安全感，也没办法体会到父母应有的责任及付出。

在这种环境下长大的孩子，心理上很可能会变得冷漠，没有责任心，不善于表达心中的爱与感受，甚至有可能会不太在乎家庭与亲情。在将来成家立业时，也会因为成长的经历，而用相似的方式对待自己的下一代，这是非常让人忧心的一件事！

我记得《天下杂志》的一篇报道，引证2002年5月《科学画报》的内容：欧盟执委会曾委托英国研究团队，在欧洲5个国家针对4000名十四五岁的青少年，进行关于青少年接触酒精与毒品的调查。结果发现，保护青少年避免毒品与酒精最好的途径，是健康的家庭关系。由双亲共同扶养长大，受到妥善照顾，家人关系健康的青少年，明显较少受到酒精和毒品的诱惑。最重要的，首推子女与母亲的亲密密切关系。

该报道还指出，孩子的学习和成长情况都会取决于他们在家中的感受和体验，这些会影响到孩子天生学习及性格发展，也会影响他能否持续发展、面对失败与挫折时的态度、学习意愿及能力，甚至将来的待人处世。父母对孩子的衷心期盼，原来关键因素是"家庭"。

有人会认为"只要行善多积德，自然就会回馈降临在自己孩子身上"，行善积德固然是美德，但是从实际来看，真正对孩子影响及回馈，也许是好好地经营亲子关系，这才是更为重要的。

有时候，父母会因为爱面子、追求成就感或为了建立人际关系等动机，积极地参与社团，终日奔波于公益活动，帮助他人，却忽略自己的孩子正处于孤单、冷清的家中，等待更好的照顾。父母本末倒置的做法，非但无法将正面的能量传授给儿女，反而可能带给子女日后偏颇的社会价值观。

让我们一起思考

● 孩子放学回家却经常见不到父母，感受不到家庭温暖，不但会让孩子感到很失落，甚至会影响他们一生的人格发展。

● 学习，从模仿开始。幼儿园阶段的孩子模仿对象，很自然地就是在家里及在幼儿园所见到的事物，尤其是在家里，因为家是孩子生活时间比较长的地方，对他们而言，所见到、接触的都是最值得信赖依靠的"家人"。所以，一开始体验到的家庭，便为孩子形成生活最初的规律与秩序打下底色。

● 在事业、信仰和家庭间，如何取得合适的平衡点是现代父母必须具备的智慧，过度偏向一方的工作、生活方式所造成的影响，会愈来愈显著可见！

分享时间

孩子是上苍赐给每一位父母的特别礼物，养育子女固然辛苦，却也丰富了我们对于生命更深层次的启发。这份礼物我们得好好珍惜，一肩扛起责任，我们的一言一行都是孩子模仿的对象，在生活的各个层面我们都要积极地为孩子树立榜样，并带着爱心引导孩子如何做人。

虽然我们有做不完的家务、想要争取更好的生活条件，甚至心中仍记念着等待实现的理想……但是孩子的童年却是如此短暂，既不能重来也无法取代。因此能否在这个黄金阶段，多花点儿心思和孩子在一起，陪同孩子一起发现世界的奥妙，让孩子感受到他的生命是如此的珍贵与备受祝福，这份亲情至爱将会是影响孩子未来非常重要的因素，也让他未来能更主动去关心和关爱他人。

第二章

慢养智慧

沙坑里的智慧

人类的聪明，并非以经验为依归，而是以接受经验的行程为依归。

——萧伯纳

上海长宁区住着许多来自其他国家的家庭，走到公园不远处，便可以听到不同母语孩子的嬉闹声，他们彼此融洽地各自玩耍着。

我看到沙池里有 3 个小朋友正在嬉戏，那里摆放着许多非常吸引孩子目光的沙滩游戏玩具。他们都在沙池里专注地玩耍。从简单的动作开始，有人拿铲子挖沙，有人用手抓，有人拍沙地……虽然看似简单重复的动作，但是我知道这对孩子而言，正是在快乐学习路上刚刚起步。

人们对于沙子的喜爱，多半有一种迷恋。正如《爱和自由》书中所写：如水一般，既是固体的，又是流体的，变化无常又易于掌握，它无穷尽的形态和取之不尽的玩法，从本质上满足人创造和想象的本性。与其他游戏相较之下，通常幼儿在玩沙时专注力可以持续更久。

在沙池里嬉戏的孩子，渐渐地对于单调的游戏模式不再好奇，他们发现池子里还有很多的玩具，例如小推土机、透明瓶子、漏斗、铲子等；他们的小脑袋快速转动，觉得游戏其实可以更为有趣、复杂。

3 个孩子不约而同地拿起瓶子，试着将沙子放进瓶子里，但是瓶口不大，放进沙子需要一些耐性和技巧。对于沙池中的 3 个幼儿来说，小肌肉都尚未发育成熟，动作协调性自然不好，这个游戏确实具有一定程度的挑战性。

3位妈妈很尽心地在一旁观察，孩子也玩得乐不可支。就这样，尝试了几回，终于有第一位妈妈忍不住地走过去，她教宝宝先拿起漏斗放在瓶口上，用小铲子小心地挖沙，然后放进漏斗里。在妈妈的协助下，一会儿的工夫瓶子里就装满沙子。工作完成，妈妈得意地问："孩子，懂了吗？要不要再试一次？"但很快地，宝宝对这个游戏失去了兴趣，母子俩便匆匆离开。

第二位似乎是比较紧张类型的妈妈，孩子在游戏的过程中她在旁边不时地叮咛着：要小心这个、不可以玩那个……这位妈妈虽然没有直接教孩子如何把沙装进瓶子里，但很快地孩子便被周边其他玩具吸引过去，离去时还可以听到妈妈紧追在孩子后

头，仍然不断地耳提面命。

第三位妈妈的神情最自在，她选择坐在离孩子有一点距离的位置，远远地注视着孩子的举动，鲜少参与意见。而那孩子也不急不缓，专注地用各种方式游戏和探索。每当他找到了一个新的方法时，他的妈妈都会适时地发出赞叹夸奖他。

让我们一起思考

- 如果沙池中有一位是你的孩子，你希望自己的方式会像是哪一位妈妈？

- 在实际生活中，你觉得你是哪一位妈妈？

- 三位妈妈的选择并不相同，你觉得是为什么？

- 你觉得现在孩子成长的状况你满意吗？如果有机会，你会想换一种方式吗？

玩是探索与创造的开始

在沙池中的 3 位妈妈可能因为养育和教育文化迥异，对于"孩子玩沙"这件事，有着不同的处理方式。

第一位的妈妈非常有效率地用大人的思考及经验"教"会孩子解决问题，优点是让孩子可以很快得到方法和结果，但是在学习过程中，"马上学会"也让孩子失去了宝贵的思考能力和面对问题、解决问题的机会。

第二位的妈妈虽然没有正面干涉孩子游戏和玩沙的技巧，但她过度谨慎与保护的心态，总是不断地干扰孩子正在进行的学习，让孩子很难持续保持专注力，更容易因此而分心，失去了完整学习一件事情的经验及机会。

第三位的妈妈在过程中并不急躁，慢慢等待，不会任意打断孩子的注意，所以这个孩子的专注时间也最长。孩子在游戏中可以不断地重复实践某种过程或发现新的游戏方法，这些经验都为这孩子奠定自信心而内化为新的能力。今天在沙池中体验最丰富的应该就是这个孩子吧！

婴幼儿阶段以及儿童时期的孩子，透过游戏，获得自主性、想象力、自我表达、专注投入、经验思维的建构等，在游戏中都能得到充分的发展，因此对幼

儿来说，游戏就是生活。在人格形成与成长的过程中，儿童应该在原本的生活事物，或是高于生活的游戏互动里，得到探索的乐趣与心智的锻炼。

因此望子成龙、望女成凤的父母，千万别认为学习一定是件严肃而枯燥的事，其实玩耍就是学习，在安全的环境下，不妨放手让孩子尽情地玩，让孩子既玩得开心，又学得有价值，才是有智慧的育儿艺术！

填鸭式教育扼杀创造的可能性

有一次，我与一位作家朋友聊天，提及她到大学讲课时的看法："我请大学生在规定的时间内策划一个商业活动的举办方式，大多数学生慌张失措，不停询问正确的执行步骤。而且他们做出来的活动流程跟策划几乎都一样，如果拿到市场来说，我们只需要一组人马，其他组别的成员该怎么办？"

听到教授的疑虑，的确令人担忧。相较于其他国家，亚洲人的教育方式偏向帮孩子的人生找寻最正确的方式，所以一直以来追寻的方式就是把游戏玩"对"，把老师、学校的要求做"对"。

填鸭式的学习模式，就是快速地把不会出错的结果告诉孩子，用分数绑架了孩子各种创造力的动机与可能性。很快得到答案，但不去摸索或挑战原因及改善的可能性。等到进入职场参与就业，经营自己的生活时，面对更现实的竞技场，才猛然思考，探索自己与他人的异同之处，优势在哪里？价值在哪里？然后又顺其自然地放弃了"探索"与"创造"自己可能更精彩的未来。

我们不必过于崇拜西方教育，但西方的教育文化里确实有值得我们省思的价值。他们在青少年上大学之前，父母、学校愿意信任孩子，愿意给孩子很多的时间去探索课业之外的兴趣，过程中除了分享外，大多不给子女过多的意见，任由他们自由发展，上大学后学校则采取严格的课程，要求学生为自己未来的专业负责。因为前期的慢养，反而奠基孩子提早认识自己，并在探索的过程中激荡出"出乎意料"的表现。

顶着哈佛高才生光环的华人篮球球员林书豪，近年来在篮球界最高殿堂美国职篮（NBA）展现出令人激赏的球技，让大家不禁好奇林书豪文武兼备的特质。

不难发现，林书豪父母亲的教育方式，就是成就子女极其重要的因素——将东西方教育很好地融合，他们虽然让孩子依照自己的兴趣发展，但是选择课业与兴趣并重，并告诉林书豪"只要念完书，就可以打篮球"，让他自由调配自己的时间以及学习安排，他也从篮球运动中得到强壮的体魄并加强了人格的锻炼。

与西方教育相较之下，亚洲父母把课业和兴趣划分得很清楚，老是担心孩子花过多时间在非课业的兴趣上，好像除了功课以外的事情，都是浪费时间的行为，实则这是一大教育盲点。生命中倘若缺乏了感动自己的轨迹，又如何形塑出更完整的个人特质？对于大多数的人来说，都是源于并高于生活的理想中得到锻炼与成长。只要让孩子从小就懂得兴趣及责任的天平，我相信孩子预见更幸福的未来是必然的。

让我们一起思考

● 大多数亚洲父母都担心孩子跟不上别人，会被社会淘汰。除了现有的课业，也把孩子课余时间排满进修行程，但是，让孩子在缺乏游戏的心态下学习，代替孩子做出选择和决定，这真的是正确的吗？对孩子的发展真的有帮助吗？

● 从游戏中可以锻炼孩子健全的身心以及强健的体魄。但是身为父母，我们不妨静下心来思考，自己是否愿意尊重孩子，且全心全意接受他们在学习中遇到的碰撞呢？

分享时间

透过游戏绝非只追求单一或最终的结果，给时间探索的程序才是孩子的学习重点。经过思考或游戏过程所累积的经验将是奠定孩子未来抽象式学习的重要根基。透过自主游戏为孩子提供选择和决定的机会，孩子可以在游戏中充分表现自己对事物和生活的理解，因此而获得自我实践的满足感，从而变得自信。

"学习是一件多么快乐的事"这个DNA一旦被植入，就是丰富生命资产的通关密语。

福福航空

> 孩子在发展自我的时候，往往也生出顽固的自我主张，与利他主义的模仿刚好相反。
>
> ——珍·葛林

志君在幼儿时期就特别喜欢吸尘器，每当妈妈使用吸尘器时，志君的小眼睛就目不转睛地盯着看。后来他便喜欢看贩卖吸尘器的购物频道，因为购物频道会详细讲解吸尘器的各项功能，并分析组成结构等，志君每次都听得很入神，同时还会模仿主持人说话的语气，逗得大人都很开心。

志君小学一年级时开始喜欢飞机，他收集飞机模型，阅读与飞机相关的书，了解飞机的机型、设计、产地、制造时间、可容纳人数以及性能等信息，时常提问有关飞机的问题。

　　有一天，志君的父亲告诉他，有一家英国公司的网站对各类机型有更详细的分类和介绍，他如获至宝，为了查阅网站上的讯息，志君开始积极主动学习英文。

　　志君班上有一位同学的父亲正好在机场的控制台工作，于是他随同学参观了控制台。志君为此事前做了充分的准备，一进控制台，志君便雀跃不已，滔滔不绝地告诉叔叔们停在跑道上各架飞机的型号、产地、隶属公司及乘坐人数，甚至起飞时间他都能一一说出。一旁控制室的工作人员都听得目瞪口呆，大家笑称这位小朋友是"踢馆"的，砸他们的饭碗。

　　志君的妈妈也借由这样的机会告诉志君："想当飞行员必须要有很好的视力哦！"因此，志君从小就非常注意保护自己的眼睛，随时注意写字和阅读的姿势，每隔一段时间就会休息，并做眼睛保健操。他从不忘情地玩电子游戏，因为知道视力对于他的梦想有着关键作用，因此渐渐地学会了更多正确的态度和良好的生活习惯。

　　小学四年级暑假，志君便跟妈妈商量，他想独自一人搭乘飞机前往澳洲的姨家，妈妈虽然有些担心，但还是为他准备了机票让他独自搭机。

　　为了要认识更多飞机的信息，从小学会上英国网站的志君也奠定了不错的英语基础，一上飞机马上就向空乘人员要求希望能见到机长。当机长看到是位小朋友要见他时特别惊讶，然而志君却非常自然地用英语说："我以后也要当机长！"不仅说了一些有关飞机的专业术语，还模仿机长报道飞机起飞时必须对乘客问候与要求，博得机长哈哈大笑。然后，志君向大家请教如何才能成为一个真正的机长，因为这是他的梦想。机长被他的专注和热情所打动，也热情地分享了他的经验。

　　志君又请求是否能进入驾驶舱，但是根据规定机长婉拒了志君。小家伙有点失望，但是他能理解机长先生的立场。飞机终于顺利到达了目的地，临下飞机时机长突然叫住他，带他进入驾驶舱。志君兴奋极了，他好奇地看着驾驶舱里的各类仪表，尽管有些他过去已从书上了解过，但是第一次近距离接触，还是让他大开眼界。

离开前，机长热情地拍拍志君的肩膀跟他约定，希望不久的将来他们会成为同事，一同在天际翱翔。

志君自此后更加积极为梦想努力，他在班里组织他的第一家"福福航空公司"。他是福福航空的总裁，公司的架构完全仿真航空公司的模式组建，邀请同学成为空少的条件必须"德才"兼备。任何不按时完成作业，或是受到纪律处分的同学均不得加入他的航空公司，公司还定期开会调整"机票"价格，并组织讨论设计航空座椅的形状，改进服务形式，同时评选最佳空乘人员，等等。

虽然从成人的眼光来看，这只是一个游戏扮演，但是对志君而言，却是他迈向壮志凌云梦想的重要一步。

让我们一起思考

● 如果志君是你的孩子，你愿意像故事中的父母一样支持志君吗？为什么？

● 在实际生活中，你觉得故事中有哪些事情，你不希望或不支持志君去做？为什么？

● 如果你发现孩子的兴趣嗜好，你会为孩子创造什么样的环境及机会？

● 如果志君并没有像故事中描述的那么顺利，甚至受到挫折失败，从父母的角色来看，你会有什么反应？会如何帮助志君？

热情点燃孩子振翅的力量

当我们看到各行各业的专业或成功人士虽然长期夜以继日地努力工作或研究，在受访时的镜头前仍然神清气爽毫无疲惫的神情，我想这除了责任心以外，更多应该是来自于主动探索带来的历久不衰的热情，将工作升华成满满的乐趣和成就。如果只是来自于单纯的金钱的诱因，而不是做自己喜爱的事情，我想应该不会有这样动人的成果，也难以见到画面上这般灿烂笑容与自信。

故事中的志君，从小对于飞机的热忱以及兴趣，点燃了他学习的热情，主动积极的态度，连他的父母、师长们都感到讶异！

他因为喜欢飞机而主动学习英文，找到并建立目标达成方向，也让他克服依赖及恐惧，一步步朝着计划和目标迈进。他在学习过程中受到许多鼓励，也让他的目标愈来愈明确，为了更接近目标又搜集更多相关见闻，习得的组织力，解决问题的能力，品格道德的建立，这些都是一开始我们没有预期的。孩子的自主性所激荡出来的火花，却是如此璀璨耀眼！而一切皆来自于"兴趣"。

兴趣是孩子最好的老师，成就感造就孩子主动学习和创造的动力。两者兼备融合更能演变成孩子在未来道路上独一无二的动力与价值。我认为与其拿别人成功的框架复制自己的孩子，不如更关心了解孩子的兴趣志向，从而创造环境与机会触发他的主动、快乐、高效率学习、能力与生活常规的建立……我想即便在体制内学习的孩子亦能有着让人期待及喜悦的未来。

让我们一起思考

- 孩子都具备主动学习的欲望及动机，只要给予孩子足够的探索时间和鼓励支持，甚至只要环境诱因和动机足够，孩子会积极试图克服重重问题，自己找到解决的方法，达成学习目的。

- 一个受激发的生命将会创造多大的奇迹和潜能啊！兴趣是最好的老师，这个道理几乎每个人都知道，但是如何帮助孩子不断强化这种兴趣，而不是打击他的自信心，却不是每个家长都能做到的。与其逼迫孩子做一些没有兴趣的学习，为何不尝试从慢养的教养方式中，观察孩子的兴趣，从中引发他乐于发现、积极探究的态度呢？

- 对一般教育模式反应冷淡或不佳的小朋友，不见得就是不喜欢学习，只要找出孩子的学习乐趣和适合辅导方法，他们有可能表现得比其他人还要杰出。

分享时间

随着知识爆炸、快速变迁，学习不再只是短暂求知的活动，而是一种关于生活态度，关乎终身自我发展和成长的活动。塑造一个多元的、丰富的环境，允许孩子有更足够的时间和不同的方式来求知、理解和学习，我想孩子才有更多机会去发挥你意想不到的潜能。

车厢里的音乐会

"有比大海更辽阔的景色，那是天空，有比天空更辽阔的景色，那是灵魂的深处。"教育的本质乃在激发灵魂的深处潜在。

——维克多·雨果

女儿 1 岁 8 个月时，我为了给她提供更丰富的成长环境，于是当时在台北一片未开发的农业保护区边上，创办了我的第一所幼儿园。

每天利用上下班带着女儿在车上的时间，我总是播放古典音乐和她一起欣赏。有一天我告诉她："你听，音乐在讲故事。"女儿好奇地听了一会儿，不解地问我说："音乐里没有人在讲话啊？"于是，我随着音乐的旋律开始即兴地编起故事来。

在之后的每一天，这成为我们母女俩在车厢里的音乐会，一直到女儿上中班时，有一次她突然主动告诉我，今天开始换她来讲故事！她模仿我，随着音乐的

节奏、旋律，非常专注地说着音乐里的故事，就这样一玩好几年。

当女儿开始学英语时，我建议和她来比赛看谁的故事中英语的单词出现得比较多，女儿非常热衷这个属于我和她的游戏。为了赢过我，她会不时地去关注新的英语单词和用法，有时真的会让我非常讶异，因为那些词汇可能连我都不是那么熟悉！

当她开始学音乐一段时间以后，有一天她的长笛老师特别找我分享，她说我的女儿非常享受音乐的学习，也发现她诠释曲子能力特别的好，很好奇地问我是怎么训练的？当时我只是笑了一笑，没有很明确地告诉长笛老师答案。

小学四年级暑假即将结束时，女儿神秘地写了第一本厚厚的小说。当时我真的有些惊讶，等到初中一年级她更开始尝试用英文写小说了。

她的师长或很多家长都很好奇女儿是怎么办到的？非常想听我的"独家秘方"，其实我从来都不刻意要孩子一定学什么，其实方法很简单，我善用了"时间"和"优质陪伴"的原则。

像车厢里的音乐会，我就是利用在车上的时间玩音乐会说故事的游戏，成本不过是新台币 400 元不到的 CD。而女儿之所以对曲子的诠释能力、写小说的兴趣和语文的能力比较强，应该受益于喜欢用故事和妈妈交流的动机，通过这个过程她发展了用心倾听音乐的专注力与想象力，并善用口头表达和文字的方式，练就表达内在情感的能力。

对于育儿来说，时间、金钱和孩子的能力，并不是绝对的等号，孩子真实感受到学习是一件快乐的事，经验往往是来自于父母优质的陪伴和启发。有些妈妈鞠躬尽瘁，24 小时不离视线的呵护备至，甚至喋喋不休的言教，抑或是忙于事业的父母总是懊恼没有足够的时间陪伴孩子，当然过与不及都不是好方法。但最重要的是，不管你拥有多少时间可以陪伴孩子，掌握"优质的陪伴"的观念才是最重要的。

让我们一起思考

- 女儿的一些成长表现，"车厢里的音乐会"是一个重要的起点，你觉得为什么？
- 长笛老师想知道我女儿诠释曲子能力特别好的原因，可是我只是笑了一笑，你觉得为什么？
- 这个故事验证了"优质陪伴"的成果及意义，对你而言，有什么样的启发和影响？
- 回想一下你为孩子建构的学习计划和确立的目标，读完这段故事后，是不是有些需要调整或改变？如何调整改变？

激发孩子灵魂的深处

8月是澳洲的冬季，在墨尔本一个非常宁静的夜晚，我坐在女儿学校的表演厅，看一群 7~9 年级的中学生正在忘情地表演一出舞台剧。

那是诉说一位小女孩儿的成长经历和追逐梦想的故事。所有的故事内容、舞台表演方式，从现场音乐演奏到灯光的设计都是由这群可爱的"大小孩"联手完成，并自导自演。看着这群孩子的表演我非常感动，其中编导的方式、音乐及演唱都有令人意想不到的水平，正处于青春期的他们除了尚有些许稚气外，在舞台上的展示是非常有自信，而台下的父母及观众更是以热烈的掌声，肯定他们精彩的演出。

这里的孩子没有补习的压力，每天除了上午 9 点到下午 3 点 30 分的课业学习外，孩子有许多的时间可以依照个人兴趣，投入各式各样的社团活动或运动。在开学的前几天，学校甚至安排全班同学必须共同在野外生活几天，一起学习炊食，接受野地生活的各项训练和体能活动，充分利用同学紧密的互动和学习，取代彼此竞争的教育方式。

下午 3 点 30 后，不难发现，墨尔本随处皆是的公园有一群又一群刚下课的学子奔跑在绿色的草地上，有模有样地踢着足球或打着网球，而他们的父母更是从容地坐在公园的一角，等着接送孩子回家。

我看看手表，想想那些在分数前挂帅的学子正准备从学校被接到补习班上课，仿佛孩子浪费一丁点儿的时间在玩乐或体能活动上就会丧失竞争力，就会排名落后。当然，长期如此，有些孩子也会反弹，促使孩子与父母常常在进行一场又一场的谈判，但在恩威并施的沟通中，结论往往是父母又得用另一种物质来交换孩子的成绩表现。

也许正因为父母身处于高度竞争的社会，接受功利价值的洗礼，备受生活压力和职场竞争的考验，带着孩子随波逐流，不敢脱轨演出，停留在填鸭、复制的教育模式下，希望自己的孩子赢在起跑线，在意的不外乎是能否跟得上别人，甚至超越别人，却不经意地忽略了孩子的自发性。

当父母花费很多的金钱，塞满了孩子所有的时间，买到的却往往是孩子更消极的学习态度。我也经常听到很多父母觉得，应该将孩子送到私立贵族学校就读会比较放心，可是从不关心孩子的学习意愿和学习状况。

我的幼儿园也有一位妈妈，她每天都会为女孩精心装扮，给她穿上贵重的名牌洋装来上学，风风光光得像个超级小公主。但穿着漂亮衣服的孩子却是一整天静静的，什么事都不敢做，因为妈妈再三叮嘱衣服很贵，不可以弄脏，小公主只好优雅地看着其他小朋友高兴地玩耍。

当然小公主的可爱、美丽和优雅，常常获得不少赞美，最高兴的莫过于父母，但是原属于孩子纯真快乐的童年，却也被一身的名牌给束缚了。孩子真的需要这些华丽服饰和虚荣的赞美吗？

让我们一起思考

● 看看澳洲再看看国内，二者相较之下不难发现文化思想的差异性，父母对于教育孩子也有截然不同的价值观。重点是处在地球村的孩子们在未来的 10 年、20 年也必然会在地球的某个角落，共同创造新的生活，甚至同台演出或是相互竞争，然而这时所需要的实力岂止是现在的分数、成绩单或是一张文凭就能比高下、见真章？

● 我在网络上看到流传的一篇文章，主题是"斯坦福毕业生回答：为何亚洲学生赢在起跑线，欧美赢在终点线"？其中谈到一个令人省思的观点，赢在起跑线，也许就是输在终点的原因。因为企图让学生快速记忆知识、被动接受灌输和操练，较早在考试测验上展现优势"赢在起点"的思维，并无法培养学生主动思考、自发学习、前瞻因应的能力，最后反而"输在终点"。

分享时间

再好的鱼饵也得等鱼儿上钩，与其当一位学生的教练和鞭策者，不如先试着在环境中渲染出能让孩子亲近和喜欢的氛围。学习是一个铁三角的循环关系，父母是创造环境的工程师，孩子需要透过环境去吸收成长的养分，除此之外，还有一个不能少的要素，那就是孩子需要肯花时间的优质陪伴者。

第三章

伯乐遇见

不完美小孩

接受个体的不完美

世界上最困难的事情是认识自己，最容易的事情是武断别人。

——王阳明

那是一个假日，我从花店捧了一束香水百合回家，修剪时不小心折断一枝含苞的花朵，当下原本是想顺手丢进垃圾桶，这时心里却起一个念头："花儿都含苞了，一定非常期待自己绽放时的美丽花貌。"不忍之心油然而生，随手找了一个相衬的小花瓶插上，并顺手摆放在卧室的窗台上。

第二天清晨，当我拉开窗帘的瞬间，惊讶地发现这朵断枝的花苞已悄然绽放。小白花虽然没有绿叶衬托，但在晨曦中更显得洁白无瑕和单纯的美；随后的一个星期里，它总是迎着阳光，挺立着恣情地绽放，那份清新脱俗让我打从心里赞叹！

这花儿虽有缺陷，但是有了阳光、空气、水的滋养，坚定的美，更令人意外欣赏！

北美的世界周报上，曾刊载过一篇文章，是一位先天性缺陷儿的妈妈发表的看法，译文约略如下：

> 计划要生一个小孩，就犹如筹划一场意大利旅行，仔细研读着旅游指南规划行程，心想会在水都威尼斯游船，甚至要学会一些简单的意大利语，一切让你雀跃不已。经过几个月的准备，登上即将出发的班机，谁知道航班空乘人员走过来，微笑地宣布："欢迎前往荷兰。"

> 一切的准备和规划在当下破灭，因为航线已变更，其实这并没有什么不好，只是你可能需要重新购买不一样的旅游指南，重新学习另一种语言，遇上没有预料到的人、事物与新的惊喜……

> 在这过程中也许你会有所抱怨，看着别人前往意大利，心想着"这才是我原本想要的旅程"！因为美梦破碎，而感到心里难过。但是换个角度仔细想一想，如果你一直为了无法实现的意大利之行感到扼腕，那么你可能因而错失亲近另一份宝藏的良机，其实荷兰，也是非常值得去旅游的好地方啊！

一朵小白花也许能引发你的省思，所谓的"缺陷"以及"不完美"究竟在生命中代表了什么含义？面对孩子的表现不如你预期的蓝图和偶发的状况，我们又会有多少的察觉力和包容力呢？

我从报章上读到一则信息：认养"台湾之子"的第一大国是荷兰，原因是该国出生率低。报道说，国外收养者似乎更能接受不健全的孩子，"一方面是国家的社会福利制度好，一方面他们认为孩子愈有缺陷，就愈需要他们"。

然而，在亚洲却不是这样的情况，尽管孩子生下来已经是非常健康正常，但大多数父母却常以关爱之名，行自己理想之实，来装备自己的孩子使其能完美于一身，但也因为这个过早又过度期待，让很多孩子从小就找不到自己。

我们也都知道校园里尽管有数千个孩子，也没办法找到条件完全相同的学生。

一种米养百种人，很显然每个人成功的公式没有统一的标准答案，也许你正在对自己孩子的资质和学习表现有些沮丧，但不妨试着转换一下观察孩子的角度，同时试着把父母的角色变成朋友，把教练的心态变成伯乐，孩子或许因为你的眼光和观念的调整，家里这块平凡的璞玉，终有大放异彩的一天。

每个孩子都有独特的密码

有一次在绍兴的一场演讲会上，一位奶奶不安地举手发问："专家、专家！我有一个孙子，他很变态，我真不知道该怎么办？"听到奶奶用"变态"两个字，在场的人都好奇地把眼光聚焦在这位奶奶的身上。

我说："奶奶，您为什么会用'变态'来形容你的孙子？""哎哟，他是个小男生，却成天吵着要穿妈妈花花绿绿的衣服！还有不只这样，他只要看到长发漂亮的女生，还会自动伸手抱人家呢！"奶奶一讲完，台下顿时多了笑声和讨论声。

我继续问奶奶这孙子年龄多大？奶奶说："刚满两岁三个月。"

我当下微笑着跟这位忧心的奶奶说："奶奶呀！我要恭喜您！"

这时台下一片哗然，有些错愕，为什么我要跟这位忧心的奶奶说恭喜呢？

我环视一下听众疑惑的眼光，继续跟奶奶解释："根据研究，两岁的孩子还没有性别的概念，大人要避免用既定的世俗眼光来看待幼小的孩子。您的孙子只是被妈妈衣服上鲜艳的色彩和多样的图案给吸引了，他应该是比一般同龄的孩子对于色彩和美感的敏锐度成熟许多。奶奶，换个角度想，这就是您家孙子特别的天分啊！要是您和孩子的父母能顺着孩子的天赋好好培养他，将来会有成就的，所以奶奶我要恭喜您！"

其实这已不是我头一次碰到类似的案例了，很多父母和师长时常把很不一样的孩子视为头痛人物或问题。这个孩子的天赋如果在被了解与正确的观念下加以培养，将来这个孩子很有机会成为一位杰出的艺术家，或是顶尖的设计大师。但是如果依照这位奶奶的思维来教养这孙子，恐怕会把孙子的天赋扼杀得荡然无存。

大多数父母常常羡慕别人家教出了非常杰出或有成就的名人，往往忽略了自己家里也有与众不同的璞玉，家人或师长却视他为头痛人物，在我看来，这是最遗憾的误解啊！

大陆有位父亲，他发现自己可爱的女儿患有先天聋哑时，晴天霹雳，遍寻名医和教育机构协助，却苦无转机。失望之余，自己卷起袖子亲自教育聋哑孩子。有一次，女儿数学习题只做对三题，爸爸不但没生气，反而用关爱的语气说："丫头呀，你真了不起，爸爸在你这个年纪时还不会做这三道题目呢！"接纳、赏识和激励的语气，鼓舞女儿接着把其他的题目都做对了。

在父亲循循善诱爱的教育之下，这位聋哑的小女生在十八九岁时，就荣获大陆优秀青年的楷模的荣誉。在授奖的感言时，她用手语说："今天会有这样的成绩，需要感谢我的父亲，因为父亲给我的是学习里的肯定与乐趣！"这个孩子的生命层次完全被父亲接纳了！亲子间最有智慧的相处莫过于生命层次的完全接纳。

让我们一起思考

- 人生中总是处处充满"意外"，不管是好的或是坏的；回想一下你是用什么态度面对这些"不速之客"？如果有机会重来，你会不会调整或改变你的态度？

- 关于那位奶奶的故事，你得到怎样的启发？

- 阅读以上的内容后，你对孩子的教养方式和心态会有什么样的转变？为什么？

- 找时间沉淀下来，拿一张白纸写下你的孩子有哪些优点和潜能，好好保存下来，并随时拿出来提醒自己是否对孩子有足够的包容与启发。

当庸才遇见伯乐

吴季刚、刘大伟、曾宇谦和吉莲·琳恩（Gillian Lynne），这些人的名字常常出现在我的亲子讲座和有关的演讲中。他们在各个专业领域都有着如璀璨珍宝般的光芒，成就更受人关注。但是在大家赞扬他们杰出的时候，我更关注且佩服的是发掘他们才华，在他们生命中为他们付出、包容、坚信与努力的父母及贵人，因为没有了这些"伯乐"，也许至今他们仍只是一块不起眼的璞石。

吴季刚小时候是个被亲友嘲弄，爱玩洋娃娃，与同年龄男孩格格不入的小孩；刘大伟是出生在台中的"野孩子"（台湾对调皮又不受教孩子的称呼），只爱画画不喜欢念书，被师长当作低能儿，被嘲笑画画没饭吃；曾宇谦在幼儿园时连一首生日快乐歌都唱得不完整，老师以为他是"音痴"；吉莲·琳恩一直被认为有学习障碍，小时候完全无法乖乖地坐着听课，更糟糕的是当时对"过动症"这个名词及概念仍一知半解，完全没办法正确对待她的学习状况。

吴季刚现在是世界名牌女装的艺术总监，曾经在 2009 年为美国总统夫人米歇尔设计总统就职典礼的服装而声名大噪。刘大伟 22 岁进入迪士尼，坐上动画师第二把交椅，《狮子王》《花木兰》《美女与野兽》等都出自他的手，有趣的是《花木兰》里高挺帅气的李翔将军，正是以刘大伟为原型。

曾宇谦荣获有音乐界奥运会的柴可夫斯基小提琴大赛第二名，而且是第一名空缺的情况下。吉莲·琳恩这个名字应该很多人不太留意，但如果谈到她的作品，相信国际上很多人都耳熟能详，像百老汇的《猫》和《歌剧魅影》这两部脍炙人口的歌舞剧，她就是背后的推手及编舞家。

如果我们是这些人孩提时代的父母和师长，在每一次面对问题抉择时，就算众人不看好，我们是否能承担起"相信孩子"，为孩子指出正确方向的重责、压力？是否依然还能让他们拥有合适的成长环境，完成今日这般的成就？会不会也许就是我们的态度和选择，让原本可能是更有成就的孩子，失去关键启发契机？

吴季刚说："从一开始我就知道自己会走上设计师这条路，从小到大，我就喜欢漂亮的东西，不管是艺术品、衣服、建筑，水饺也喜欢包得漂亮的，不好看的我不吃。""我很有 determination（决心），从小到大就想当设计师，觉得这是自己的使命。"

但是在吴季刚父母兄长了解到这一点，全力支持之前，他们也经过极为矛盾的挣扎——"儿子爱玩洋娃娃有关系吗？"为此去请教小儿科医师，直到听到当代景观雕塑艺术大师朱鲁青教授的意见："男孩子喜欢娃娃有什么好奇怪，这也是艺术啊！"才释然不受传统框框的约束。

在刘大伟的回忆中，他的童年在老爸的苹果面包（刘大伟父亲是台中知名的苹果面包创办人），老妈的爱心藤条，老师的粉笔弹雨，课后的家教补习和钢琴课，再加上他紧握在手上说什么也不肯放弃画笔的日子中度过的。即使到了中学移民到美国，仍然都是生活在挫折中。直到第一堂绘画课遇到来自希腊的美术老师称赞他的画作，认为他很有天赋，才真正让他有自信，有了努力的方向。后来他得到"全美最大中学绘画竞赛"前 20 名，终于让大家看到刘大伟的天赋异禀与人生转变。

当曾宇谦进入柴可夫斯基小提琴大赛的决赛，并完成《西贝流士》和《柴可夫斯基》这两首小提琴协奏曲之后，网络直播主持人不禁大喊："真不敢相信他只有 20 岁！"听众和乐团给他报以最热烈的掌声，甚至不少评审委员也忘情地为他鼓掌！

谁能想象曾宇谦曾被老师认为是音痴？也许很少人会在意这是他第二次参加这项大赛，上一次在 4 年前未能进入决赛。但这些经历，自己的努力、老师的指导建议、父母的支持、奇美博物馆的相助……每一环节都是不可或缺的，都是堆砌成功的基石。

如果自己的孩子功课一塌糊涂，老是迟交作业，考试成绩也比较差的，上课时还经常动来动去发出噪声，甚至干扰身边的小朋友，影响课堂正常秩序。老师不得不让父母把孩子转往特殊教育学校，我想大部分的家长都会颓丧、崩溃，其实，这个孩子就是吉莲·琳恩。

还好她的父母撑了下来，又遇到成为吉莲·琳恩生命中重要的贵人——一位心理医生，这让她的母亲能平静下来观察发现她舞蹈的天分，并将她转往舞蹈学校，才有后来这位散发光芒的舞蹈家。

尊重、天赋、适性

我接触过太多太多的孩子，很自然能感受到每个孩子生命中都潜藏着巨大的能量。有的孩子在常态的环境中，就能幸运地崭露头角。但是还是有许多看起来平凡的孩子，有的时候只是被棱角分明的厚石层包裹着，如果没有父母、师长的理解、包容、信任与适时的启发、激励，很可能这些上天赐予的天赋基因，也会在不尽如人意的教养环节中陨落，徒留遗憾！

吴季刚的母亲陈美云女士，虽然自称只是个平凡的家庭主妇，却进行了一场很不平凡的教育试验，她是擦亮吴季刚生活最勇敢的母亲，也是吴季刚最重要的"伯乐"！

刘大伟因为功课落后时常被否定，成长的过程自卑迷惘，直到希腊籍美术老师由衷地赏识激励了他与众不同的天分，从此刘大伟的生命光芒被神奇地点燃。如果当时没有懂他、珍惜他的刘爸爸，坚持为刘大

伟寻找适合的环境前往美国，如果没有碰到这位美术老师鼓舞他，对他说了那句 "You Can Do It"，现在的刘大伟还会是这么成功的动画师吗？

曾宇谦的父亲坚定地相信儿子的音乐天分，他为了成就孩子的梦想，也是因为儿子需要监护人，孩子也希望他能陪在身边，他毅然决然放弃自己大学教职，果敢地陪着孩子赴美学习。而曾宇谦也发挥毅力，缔造音乐上的成就，向家人证明这一切的牺牲都是值得的。

至于吉莲·琳恩，她很幸运，看诊后经医生判定，她与一般孩子不一样的行为举止不需要通过药物来抑制。很多年后，她成为当代极负盛名的编舞家，关键的环节应该是这位专业又极富细腻的心理医师，懂得解读潜藏在吉莲·琳恩灵魂深处的独特密码。

也许，前文中老奶奶的孙子天生拥有"吴季刚"的天分，然而，可惜的是，欠缺伯乐的"理解"与"启发"，尽管拥有再好的天赋，终将在遗憾中消磨殆尽，逐步推向庸才的行列中。

刘大伟说过一句令人深省的话，"别把钻石当玻璃珠"，孩子需要别具慧眼的父母，就像吴季刚、刘大伟、吉莲·琳恩和曾宇谦，他们跟很多孩子一样拥有与生俱来的天赋，但更重要的是他们的人生都很幸运，遇见了尊重和了解他们的"伯乐"！

树种得好并非有什么诀窍，只是顺其自然，不害其长而已。好个"不害其长"，这正是亲子教养的秘诀。

让我们一起思考

- 现在很多父母包括师长都无奈地表示，并不喜欢现行的教育框框，但仍然很少有家长愿意勇于排除分数的竞争心态，放心地协助并肯定孩子分数以外的其他能力。

- 很多年前，台湾 3C 产业风行，父母就一窝蜂期许自己的小孩当工程师，复制了无数个工科人，当产业退烧，职场价值降温，复制太多的工程师，最后却要面临无薪假的担忧。

- 台湾 2016 年 2 月的统计数据显示，现行产业出现"学不致用"的矛盾情况。职场上产学落差很大，高阶人才失业率逐年上升。我也从一些企业老板的口中听到，他旗下拥有高学历的员工眼高手低，自认才华出众，但在团队的合作中被发现适应力和真正的实力实在让人失望。老板表示还不如其他学历不出色，但态度积极的人来得干练。

- 有位大老板笑称自己就是学校成绩"吊车尾"的学生，但他总是自我安慰说："你叫刘邦来考联考，叫朱元璋来应试，他们绝对考不上北大、台大，但叫他们当皇帝，却能有模有样，威震天下，留名青史呢！"

分享时间

父母不免还是要忧心，到底要学什么才最有保障，孩子未来选择什么职业才是最有优势的"出路"呢？联合国教科文组织曾经公布，未来人才的能力养成中显性教育占45％，而其中的专业能力就涵盖30％。

什么才是最适合自己的"专业能力"呢？每个孩子都不同，就像橘子和苹果，西瓜和菠萝，怎么比呢？核心就从天赋适才的角度开始落实！只要适其性、顺其自然地成长，它就会"寿且尊、早实以蕃"。在这多元快速变化的社会变迁中，拥有自己的根基和创意，任何行业都可以实现条条道路通罗马！

第四章

溺爱是幸福的病毒

牙膏糖果

孩子就像你的胃，并不需要装进你能够供应的所有东西。

——法兰克·克拉克

　　每周一次的校外教学是园内每位小朋友都非常期待的活动，走出校园，让孩子在周遭的环境中体验不少新鲜事物，对孩子累积生活经验的确有不少帮助。

　　有一回校外教学活动很特别，是幼儿园的小朋友朱圆母亲的邀请，因为朱圆生日的愿望就是想请班上的小朋友到家里玩。对于这样的邀请，学校有些顾虑，担心母亲的盛情反而会为他带来困扰。于是班上的老师就先进行家庭访问，最后终于安心地接受了朱圆和他母亲的邀请。

　　朱圆的家，就在台北市东区的豪宅里，家里有一个专属朱圆的小型"玩具反斗城"（专门贩卖孩童玩具的大型卖场），里面的玩具应有尽有，小朋友的校外教学，就在这么有趣的小天地里愉快地度过。

有一天刚用过午餐，幼儿园里的小朋友们正准备刷牙，一位小朋友急忙跑来跟老师说："我今天带来的新牙膏不见了！"老师除了打电话和家长确认外，几位老师也找遍教室各个角落，还是没有找到小朋友的新牙膏。这已经是园内第二次发生"新牙膏消失"的事件了，老师们都为这件事感到纳闷不已。

大约两个星期后的星期一早晨，小朋友们按惯例在户外做体能游戏，这次朱圆又和上次一样，跟老师说他肚子痛，想在教室休息。

老师答应了他的要求，同时也通知园内的护士阿姨前去帮朱圆检查一下。当护士阿姨处理好手边的事务，踏进教室时，赫然发现朱圆在专心地吸吮一条"草莓口味"的牙膏！而且这条牙膏已经被朱圆吃掉一大半了，"新牙膏消失"的事件终于水落石出，但对于生长在物质环境不虞匮乏的朱圆，为什么会躲在教室角落吸吮草莓牙膏？这样的举动让大家都感到很惊讶！

经过园方和家长沟通后才知道，身为独生子的朱圆，从小备受长辈与家长的宠爱，不管他想要什么东西，家人都以最快的速度满足他的需求，唯独为了朱圆日后有一口健康和美丽的牙齿，家人都一致地严格禁止朱圆吃糖果。

让我们一起思考

● 如果你是朱圆，你能不能说说看为什么要如此做？

● 如果你是朱圆的妈妈，你如何面对这个问题？能不能找到一个平衡点？

● 如果你是老师，面对这个问题你觉得该怎么办？

● 静下心想一想，你知不知道孩子真正喜欢什么？有什么兴趣？

学会"限制"与"给"的智慧

朱圆的故事，让我们在教养孩子的过程中预留一个值得重视的检视空间——父母在付出与关爱的同时，如何学会在"限制"和"给"之间找到平衡，让这两者都能恰到好处，这是一种艺术，也是一种智慧。

对于物质从不缺乏的朱圆来说，唯独得不到的就是糖果，因此反而让糖果在朱圆心中产生莫大的吸引力。于是在长期无法获得满足的情况之下，朱圆发现香甜口味的牙膏，可以暂时满足他对糖果的渴望，在我们听来很讽刺的戏码，却在真实的幼儿生活中发生了！

我们必须要思考：为什么当一个孩子一方面受到严苛的限制，另一方面又能予取予求时，当他发现自己得不到的东西，却是其他人时时拥有，再平常不过的东西，孩子所产生的渴望、不平衡和反差效应，一定会比只是受一般规定节制的孩子，反弹更为强大呢？

我认为，不是所有对孩子有风险的事都必须毫无弹性地严格限制，也不是孩子想要的东西都无条件地给予，因为这会对孩子的人格养成及一辈子的价值观，产生非常重要的影响。

有位单亲家庭的母亲曾经问过我，由于她必须独自承担家庭经济的压力，平常忙碌于工作，基于无法陪同孩子的弥补心态，总是会让已进入青春期的女儿予取予求。这位母亲很困惑，不知道自己除了这样，到底还能做什么？

有位父亲也告诉我，有一天他的母亲带着他的儿子在公园玩溜滑梯，因为孙子想插队被拒绝，当场号啕大哭，回家后他的母亲立刻要求他马上向玩具公司为孙子定做一组溜滑梯回家。这位父亲知道这样对孩子的教育不是好事，但也很挣扎如何在顺从母意及孩子教育之间找到平衡。

其实，现今父母或长辈过度呵护的大伞已经蔓延到校园而不自知。有家长会耳提面命，请老师不要勉强自己的孩子吃营养午餐的胡萝卜、不要要求孩子参与他不喜欢做的事等，但这样做好吗？

这位单亲家庭的女孩儿，口袋永远有超出她年龄所需要的金钱，书包里是最新的电子商品和小饰品等，不管是基于炫耀或同侪比较的心理，对于一个没有经济能力的孩子而言，已经形成了偏差的价值观。不断地扩大自己欲望的人，往往会让自己沦陷在不知节制，没有正确金钱观和责任心的坑洞中，其未来非常令人担心。

虽然奶奶和爸爸很快满足了孙子的欲望，买了专属的玩具，却让孩子错失了学习等待、学习规则及与人相处的机会，也失去了理解现实生活中"不是想要什么就有什么"的道理。

因为，人生本来就不完美，许多父母害怕孩子受伤，因而过度呵护，事事顺着孩子，在这般顺遂环境里，孩子没有机会学到人生中重要的经验，也不了解社会正确规范，一旦碰到问题将无法面对及解决，不知如何处理其挫折。

我非常担心这些孩子的未来，这就像没有注射预防针就面对疾病、没有学习就直接参加考试的孩子，长辈认为是真心保护，但事实却完全相反。

根据美国心理学家马斯洛的"人类需求层次"理论，依次从较低层级到较高层级排列，把需要分成"生理"的需要、"安全"的需要、"社交"的需要、"受尊重"的需要及"自我成就"的需要5类。

大多数人汲汲营营所追求的物质满足，都被定位在为最低层次的基本生理需求，当低层次的需要基本得到满足以后，它的激励作用就会降低，其优势地位将不再保持下去，也就是说给予孩子再多的物质还是无法满足或取代孩子内在更高层次的需要。

马斯洛提到，高层次的需要比低层次的需要具有更大的价值。人的最高需要即自我实现，就是以"最有效"和"最完整"的方式表现孩子自己的潜力，唯此才能使人得到高峰体验。

让我们一起思考

- 对孩子来说，价值观的建立，都是从父母的互动中习得的。在孩子心中，欲望的产生以及控制，都会影响未来品格上的完整度，所以你已经学会"限制"与"给"的智慧了吗？

- 大家是否曾经因为工作繁忙，或是感到对孩子愧疚时，变相补偿孩子呢？这样的行为，或许当下孩子感到很愉悦，但这是不是也是另一种条件交换呢？假使父母忽略养成孩子承担责任的义务，凡事都片面只以利诱为手段，对孩子的未来会有什么样的影响呢？

- 如果面对挫折有助孩子成长，你是宁愿让孩子在学习阶段接受挫折，还是等到孩子成人后再接受挫折？

分享时间

透过以上的案例，给家长们一个重要的分享：父母所提供的物质"过与不及"都不能符合"给"的智慧。恰到好处的给予，是一种激励。给得太多，容易让孩子缺乏动力及不会管理欲求，但孩子适度的需求若长期被忽略或无法满足，也可能造成孩子品格上的偏差。

因此在尺度的把握上，父母应多观察，对于孩子"索取"行为背后所代表的潜在意义，适时地了解并加以调整。

人的需要层次是从外部得来的满足，逐渐转化向内在寻求自我实现的满足。教养的重心如果能够放在孩子内在更高层次需求，充分地给予了解与丰富化，才是父母引领孩子走向一生幸福的重要里程碑！

小妤的秘密

人生是一连串的课程，必须活过才能明白。

——海伦·凯勒

　　刚入园数周的小妤是个很甜美可爱的小女孩，通常都由外佣送她来上学。每天到校园后，外佣都会帮小妤换上室内鞋，整理好小妤的工作柜，然后离去。小妤很乖巧，喜欢学习，小朋友们都喜欢接近她，老师们每看到小妤都会说："小妤真的好漂亮又有礼貌，真乖！"

　　小妤对上午的学习活动很投入，但是非常排斥中午的午睡，每当用过午餐其他小朋友准备就绪，听着音乐钻进睡袋里，小妤就会开始放声大哭。老师总是安抚着她的情绪："小妤，怎么啦？午睡会让精神好好，下午才能跟其他小朋友一起玩呀！"但是她始终不肯睡午觉，坚持要坐在椅子上看故事书。

虽然老师总是找机会问小妤原因，但她始终不肯说。老师也发现到她并不是不想睡，坐在椅子上的小妤经常抵御不住瞌睡虫的拜访，趴在桌上睡着了，这真是让人看了很心疼，但尽管轮番的苦口婆心，仍然撼不动小妤的坚持。

一天早上，小妤一入校园，我便趋前搂住她，轻轻地说："小妤，你今天中午不要午睡，陪园长妈咪玩'悄悄话'的游戏好吗？"小妤一听不用午睡，特别开心地点头答应了。

午睡时间，我和小妤舒服地窝在办公室的沙发上，我慎重地告诉小妤："我有一个很担心的小秘密，是关于班上最挑食的杜纬，我担心他会营养不足，等到小妤读大班的时候，杜纬的个子还是跟小班的小朋友一样高怎么办？"小妤一听，笑了起来，她认真地提出一些方法想帮助杜纬。

我谢谢小妤的帮助，并且鼓励小妤也讲一个关于她的小秘密。小妤犹豫一下说："我不知道要讲什么？"我提议着说："你仔细想想看呀，譬如说，中午睡觉时你为什么都要哭呢？"

小妤摸了摸头对着我傻笑，一脸腼腆地说："园长妈咪，你不可以告诉别人哦！"

"放心，这是我们之间的小秘密，当然不会告诉别人呀！"于是小妤故意口齿不清地说："我不会自己脱衣服，也不会自己穿衣服，我怕小朋友知道了会笑我。"

原来，一直困扰着小妤不睡午觉的秘密，其实就是这么微不足道的一件事。

让我们★一起思考

● 从小妤不睡午觉这件事情，给你的启发和省思是什么？

● 如果你是我（园长妈咪），你会给小妤的妈妈什么建议？

● 你觉得小妤除了不会自己穿脱衣服外，可能还会有哪些问题影响她在幼儿园的生活和学
　习？为什么？

● 如果你是小妤的妈妈，你会怎么做，避免发生这些问题？

让孩子学会自理

　　亲爱的家长，曾几何时，您的爱护与照顾，让孩子内心承受着这么大的隐形
压力！我想这种状况，是所有家长都不愿看见的。

　　睡午觉脱掉外套，幼儿园里大部分的小朋友经过练习后可以自理了，但是对
于家里有用人，习惯衣来伸手、饭来张口，父母又呵护备至的小妤来说，穿脱衣
服、扣纽扣、拉拉链等，都是由别人来代替而显得生疏，也因为这样的差异，让
她产生自尊心受挫的问题。她很担心别人知道她不会自己穿衣服这件事，会影响
同学心中美好的形象。

　　我还发现到小妤虽然喜欢学习，但对于需要自己动手做的工作总是格外没有

自信，因此，在团体活动的环境里会产生很大的挫折感和心理负担，而这些因素都会直接影响小妤形成自我肯定的自信心。

她的小秘密让我好生心疼。请用人固然能让孩子得到更细心的呵护，营造一个更舒适的生长环境，但是大家是否曾经思考过，离开刻意营造的"舒适圈"，幼儿迟早还是需要走入人群，进入更宽阔的世界，他们是否可以怀抱着怡然自得的心情，勇敢面对生命中新事物呢？

教育应从生命不同的角度思考，将会看到更全面性和客观的事实。我多年前看的一部发人深省的新加坡影片，片名是《小孩不笨》，故事讲述着新加坡教育制度的弊病，包括能力分班、贫富价值观等问题。

其中有一位主角达利让我印象很深刻，在 3 个主角中，达利的家庭非常富裕，然而娇生惯养的达利真的幸福吗？在家有父母照顾的达利，在同学眼中是一个不折不扣的窝囊废！达利依赖的性格经常受到各种挑战，常常是同学冷嘲热讽的对象，然而在同学间所发生的挫折和沮丧，并非物质条件优渥的达利父母可以代为解决的。

以小妤的家庭来说，应该用正确的观念和方式来疼爱孩子。因为每个幼小的生命都潜藏着巨大的能量，例如：婴儿的卧、坐、爬、站、行等，每个阶段的成长并非应和着大人的不断要求和指挥而来。这些本事原本都已潜藏在每个幼小的生命之中，孩子突然出现的动机还是需要透过实践才能从经验中获得，从一次又一次的练习中，才能感受到成就与鼓舞。

我相信经由这些可贵历程的"自信小幼苗"便会在小妤的小小心灵中有尊严地茁壮成长，这是生命发展中最积极和最持久的原动力。

幼儿园和小妤的家庭成员加以沟通，尽量维护小妤在生活中学习自理与独立性，老师也为小妤示范蒙氏教具穿脱衣服等工作。渐渐地小妤学会了扣纽扣、拉拉链，甚至绑蝴蝶结和鞋带等较困难的动作也都难不倒她。每当中午温馨的音乐响起，小朋友们都已准备要进入梦乡，小妤也从容地脱下衣服自信地随手折叠好，她的笑容比以往更加灿烂、更加自信了！

当然，孩子在幼儿园开始建立了积极和主动学习的好观念，回家后，也要延续这种主动学习的环境预备，不然也会造成孩子在观念上的矛盾和无所适从的状况。

曾经一位奶奶气冲冲地跟老师抱怨，她的孙子自从上了幼儿园以后就变得很顽皮，原来是小孙子在家里开始喜欢抢着做大人的事。有一次小孙子在浴室拖了一条大毛巾当抹布，把客厅、餐厅的桌椅和地板弄得到处都是水，孩子也因此被父母责骂罚站。

我想，她的孙子真的是变得顽皮吗？

其实，学习的过程中，行为的启发跟延续性，是需要由父母共同衔接与互动的。这位孩子并不是刻意要顽皮，他在幼儿园里的确可以自己动手擦拭桌椅和整理环境，小孙子只是想把在幼儿园学会的成就感在家中展现，如果父母能多点儿耐心，理解孩子行为的动机，鼓励性地为他准备一条大小适中的小抹布，将会是多么有智慧和积极的教育方式啊！

让我们一起思考

- "只要把书读好，其他的都不用管"是不少父母共通的心态，尤其是身处高度竞争和快速经济发展的社会。香港最近一份报道指出，香港很多孩子一直以为香蕉和苹果是白色的，无微不至的溺爱似乎成为全球共通的病毒。

- 现代家庭提供优渥的物质环境，为了挤进名校使得孩子穷于应付升学竞争，但还有更多人生重要的事，课本没教，更是考试考不出来的，我们的孩子准备好了吗？父母基于爱子心切，反而剥夺孩子学习的过程，长期下来，是不是反将孩子推向更高度的危机中却不自知呢？关心的同时，应该时常提醒自己，"到底这些照顾是爱，还是剥夺？"

- 少子化的浪潮，父母对孩子呵护备至，处处"代子弟服其劳"。大家可曾想过，我们可以陪伴孩子的时间有多久呢？孩子终归会长大，未来他要独自面对全新面貌的社会和职场。父母不妨理智地想一想，哪些给予才是奠基孩子将来真正的保护伞？除了金钱，他们更需要什么力量？

分享时间

英国生物学家拉博克（John Lubbock）曾说：重要的不是有太多事要教会每一个孩子，而是要赋予每个孩子学习的愿望。

自信是孩子学习的动能，而这动能则来自于重复的经历与实践的过程。毋庸置疑，每位父母都晓得关爱孩子，那么请先学会相信孩子与生俱来的潜能，放手让孩子先学习独立的生活习惯，拥有自我尊重的生活态度。

富翁的对白

> 对一个人的评价，不可视其财富出身，更不可视其学问的高下，而是要看他
> 的真实的品格。
>
> ——弗朗西斯·培根

有一年我去内蒙古，认识一位因煤业而致富的老板，光是矿井他就拥有两座，可想而知他的财力是多么的雄厚。第一次见面时，感受不到他拥有万贯家财的活力与快乐，甚至有一股莫名的惆怅。一直到大家见过几次面后变得较为熟悉，所谈论到的话题也就愈来愈多。

有一次，我们坐在他豪华的办公室里交换看法与意见，坐在沙发另一端的他点根烟叹了一口气，用着淡淡忧愁的语气述说他儿子在美国的故事。

这位老板事业很忙，他和太太每天都早出晚归很少在家，更不用说花时间陪孩子，所以家里就请了三位代理父母来帮忙打理家事和照顾儿子。这位独子每天在家总是衣来伸手、饭来张口，不是看电视就是沉迷电玩，因此学习成绩一直落后。夫妻俩忧心孩子的学习状况，于是就想尽办法把他送到美国读书，希望转换环境以后孩子也会因此而有机会变好。

然而事与愿违，到了美国之后孩子不仅功课无法跟上学校进度，就连日常生活的基本能力都是乱七八糟，于是儿子时常从美国打电话回家哭诉，或抱怨寄宿家庭不帮他叠被子、洗衣服、折衣服，他不会切水果，不知道怎么提款，不知道怎么照顾自己的三餐等生活琐事。面对孩子不断吵着要回家，老板夫妻又着急又无奈，但为了面子说什么也不能让儿子打退堂鼓。基于弥补的心态，唯一能做的就只能不断地寄钱，让儿子在美国的生活更舒适些，怕孩子寂寞，甚至要他每天花钱邀请同学陪着一起去餐厅吃饭。

老板的儿子很快也学会父亲的招数，做什么事都是用金钱打发，花钱请同学帮他写功课，帮他应付考试。18岁时他甚至威胁父亲不给他买跑车就回国，也因此年纪轻轻就开着名牌跑车上学。

也许是因为心里空虚，或者有一点报复心态，加上金钱的威力让孩子难以自拔，他开始用钱"交"朋友。只要家里寄钱来，他就不会一直打电话吵闹，老板刚开始以为孩子总算在美国安定下来了，夫妻俩总算放下心中的大石。直到有一天老板突然接到一通从美国打来的电话，通知他的儿子因为吸食大麻飙车发生严重的车祸，他的双腿必须马上截肢！这则噩耗对老板夫妻而言无疑是晴天霹雳，但是除了悔恨以外，还是只有悔恨。

千万财富或是心灵充实

相信许多父母常听到或看到这句话——孩子的教育只有一次，错过了，再多的钱也换不回来。所以纵使他生财有道，富贵荣华，这位老板依然愁容满面。当然，金钱本身不是万恶渊薮，然而就在无意中他教会孩子错误的使用方式，因而成为万恶及危险的根源。当他发现可以用金钱买到片刻虚假的安心，于是他毫无节制地花钱，因为孩子发现，可以用钱买到他需要的虚假友情、权力、安慰和麻痹，很自然地需索无度。亲子都将金钱用在错误的地方上，这就像是不定时的炸弹，只是不知道在何时会引爆罢了。

其实这个问题，中国人早有古谚"道德传家，十代以上，耕读传家次之，诗书传家又次之，富贵传家，不过三代"。

为什么富贵传家不过三代？如果子孙凭空享受到父祖辈留下过多的财富，很容易弱化了孩子努力与上进的动力。倘若父母只知道把自己多年努力经营下来的成果留给孩子坐享其成，由于他们没有体验过长辈们脚踏实地、勤奋努力的过程和辛劳，因而不会珍惜和感恩所拥有的富裕。

无论是"道德传家""耕读传家""诗书传家"，其实就是古人告诉我们养育孩子的智慧，当孩子有修养道德和一技之长和知识，才是真正能让孩子心灵富裕，父母安心的重要财产。

虽然我也没有家财万贯，但是在孩子小的时候我也和她讨论过，我并不希望留给她太多的金钱，当她成人开始就必须为自己的花费及未来财富负责及努力。所以我很庆幸她很早就开始学会拟订计划，充实她的技术与能力，在很多的表现及态度上也能显现出一种让人放心的成熟感。

我常常想，父母留下来的钱花光了，孩子的人生还剩下什么？做父母的当然都希望提供孩子最好的生活，充实与快乐的人生，但我们究竟能够保护孩子多久？唯有从务实面引教导孩子拥有正确的态度，给予孩子必要的训练，才能授之以渔，协助他们学会钓鱼的方法，而不是光钓鱼给孩子吃，这才是给孩子最真实的保障！

想想这位伤心的老板，即便他散尽家财也无法换回儿子青春岁月与原有的两条腿，还得面对孩子不知何时才能面对挫折和人生的未来。话说到此，我看见总是坚毅的他红着眼眶，流下一行英雄泪，再叹一口气也只能既无奈又悔恨地深深吸一口烟了。

让我们一起思考

● 有时候我会这么想，如果孩子小时候没有被过度保护，稍微让他接受点儿小挫折，早一点儿让他学会独立自主，也许在孩子的未来才能够真正减少许多问题。

● 你害怕什么？害怕孩子还小，没有能力面对这些事情？可是有多少事从我们教育者的眼光来看，那些都是适龄需要的成长经验，就像孩子从翻身到爬行到站起走路，看似跌跌撞撞的过程，就是他成长最重要的养分和不可或缺的经验，然而你们剥夺了孩子最重要的成长机会，抢过来处理。可想而知，后果是孩子未来要独立自主时可能会更费力费神，会经历更多挫折！

● 面子固然重要，但当面子与孩子的教育和问题发生冲突时，请务必放下不必要的坚持，因为也许一时的犹豫，往往失去的是导向正轨或挽回问题的机会，等到发生问题才发觉事态严重就后悔莫及！

● 在一般的教育中，我一直觉得"生命教育"和"道德教育"实在太少太少，但是这又是对孩子切切实实有非常正面的帮助，所以我会建议如果可以，多让孩子阅读一些具有正面能量及相关方面的书籍。当然如果你能够陪孩子一起阅读，听听孩子阅读后的看法想法，我相信会是孩子一辈子的重要宝藏，绝对比万贯财富还有价值！

分享时间

无论是"道德传家""耕读传家""诗书传家"，归纳老祖宗一再警示父母养育子女的智慧："厚德载物""德不配位，必有灾殃"。父母身体力行教导子女依循自然的规律去工作、生活、做人做事，孩子的生命必然滋养与承袭更多的福分。

大于有形的无形资产：财商教育

我一直哭着没有鞋穿，直到我发现有一个人连脚也没有。

——海伦·凯勒

女儿在幼儿时我便开始建立她正确的金钱观念。

出门前我会与她约定："宝贝，今天我们出门并没有预算买玩具，所以你发现很喜欢的玩具，也不能无端地要求购买哦！"刚开始也许她还懵懵懂懂，看到想要的玩具还是会央求一下，但是我还是坚持我们的原则。这样几次下来，她就开始知道"购买"需要事前计划的观念。

后来即便有了购买计划，我也会事先和她讨论："我们买玩具的预算是多少，你要先学会看标价。"当金额超过预算时，让女儿思考并决定是否买其他的玩具呢？或者等下一次买玩具的预算再合起来购买。

从她上小学一年级开始，我便教女儿自己记账并开始给她零用钱。这份零用钱，一部分是每周必需的固定花费，外加一小部分的梦想小基金。我们每个周末都会对一次账，一起讨论用钱的方式和花费的价值观念等。

同时，为了鼓励她节约，每隔一段时间如果她愿意把梦想小基金的钱存到银行，我也会提拨一定比例的金额共同存到她专属的梦想账户。若需要动用这个基金时，女儿就必须先做一份计划才能动用。

随着年龄的增长，零用钱的额度也做了适度的调整，对账的时间也延长为一个月。当她上了初中时，便开始担任家庭记账员的工作。在高中时，当全家决定要旅行时，她的任务就是把我们计划的预算，利用有限的经费，为大家安排一个既有趣又充实的假期。

在庆祝女儿考上她理想大学的那年暑假，我慎重地告诉她："在读完大学前，妈妈为你付的学费就是我给你的财产。大学毕业的那一天开始，你必须要在金钱上完全独立自主，因此我希望你在大学期间能懂得把这些财产用心地转化成为你个人的资产，加油吧！女儿！"

就这样女儿开始了她的打工计划，同时想办法节流，在网络上买学长们的二手书和一些学习工具。她发现打工的薪资一小时大约15元澳币，当长笛家教的收入会比一般去打工多一倍以上。于是，女儿在上大学时，就努力取得长笛教师的证照，利用假日去当长笛家教挣取工读费。

另外她喜欢去一家连锁的咖啡厅打工，意外地被公司总部乔装成客人的主管评选为最佳的服务员工。她记住那些常去咖啡厅的独居老人，并主动关心她们的生活点滴。她的善良与贴心赢得许多长辈的关爱，并无私地分享与传授女儿许多宝贵的人生经验。这些都是她自发性对自己负责的判断及选择。

女儿大学毕业时，还大方地送我一张从台北到墨尔本往返的商务舱机票去参加她的毕业典礼。后来她到德国继续深造的经费，也是她踏入社会吸取经验的同时，所赚取的薪资，再次地拿来投资自己。

虽然这样的方式对于一个刚要上大学的女生看上去有稍许狠心，但我很庆幸自己做这样的决定。"财商"不单纯只是货币的认知和追求钱这码事，它涵盖太多生活中必须要磨炼的隐性能力和价值观，比如，责任，对工作的正确态度，面对问题的解决能力，金钱转换的价值观等，我相信那才是孩子一辈子真正的财富。

让我们一起思考

- 你开始给孩子零用钱了吗？是看情况随意给，还是有计划性地给？

- 你会不会觉得培养孩子理财的观念是一件"还早的事"？为什么？

- 看完上述故事，你觉得这样培养孩子理财的观念会有哪些好处？

- 坚持的态度是培养孩子习惯和原则的关键，你有没有用这样的方式教育孩子？

- 如果你觉得自己无法像我一样心平气和地坚持原则，是不是可以试着找到方法改善？

人生第一位财富管理师

我曾在《理财周刊》中阅读过一篇很有意思的报道，文中提及美国太空总署的总工程师希坎姆退休后撰写的一本书《十月的天空》，书中提到他之所以能够从贫穷的煤矿小镇学校脱颖而出，拿到西弗吉尼亚州科学展览的第一名，跟他的母亲有很大关系。

希坎姆是 1943 年 2 月 19 日出生于西维吉尼亚州的一个产煤小镇煤林，在高中时期，他和朋友做了许多火箭模型，而《十月的天空》就是讲述他这段时间的故事，这也是希坎姆的第二本书，出版后不久就成为畅销书，举世闻名，该书也拍摄成同名电影。被翻译成 8 种语言，成为《纽约时报》的"1998 年好书"，更被国家图书鉴定会提名为"1998 年的最佳传记"。

原来当年他为了想让火箭飞得更高一点，曾经把他们家的热水炉炸掉了，当时非常害怕被责难处罚，只能硬着头皮回家，没想到他的妈妈居然没有责骂他，只跟他说："虽然这个热水炉很贵，我们家也没有多的钱。但是既然使用很久，旧了就该换了，现在只能请你父亲再买一个新的。"他听了非常感动，决定一定要将火箭发射成功来报答他妈妈，可以说是他母亲的态度改变了他的一生。

如同上述的故事，父母告诉孩子何谓良好的价值观，并且在生活中以身示范——这也就是所谓"言行合一"，对孩子未来的人生态度皆有莫大影响。尤其想要子女对于花钱、投资、捐献的方式和标的有所深思，你就需要在这些价值观之上确实以身作则，树立榜样。

在现实的生活中，我很习惯引导女儿对每一分金钱的运用，做出谨慎的选择，她渐渐成年后，自然而然也知道对于想要拥有的物质有其先后次序和轻重缓急的判断及使用，"有效地分配资源，不花没有能力赚的钱"。另外一个重要的观念便是，懂得把金钱转换为更有价值和意义的事务。

我记得一位朋友的故事，那是在很多年以前，当年他年纪轻轻就事业有成，结婚时还包下了台北当时很有名气的景点——入园需要买门票的"荣星花园"当作他举办婚宴的场地。婚礼当天有一百对伴郎、伴娘，现场嘉宾云集，还施放五彩缤纷的气球和小白鸽，场面非常壮观，让人不禁联想这对年轻的才子佳人应该如同童话故事般，从此公主和王子将过着幸福快乐的生活。

好长一段时间没联络，前些年在一场聚会中又遇见这位朋友，席上我们彼此闲聊，他语重心长地说："唉！老天真是跟我开一个大玩笑，让我少年得志，现在才落得如此下场。"虽然我没有继续追问，但从他憔悴落寞的神态中，仍可以窥探出几分不如意，他说"少年得志"这句话，我确实留下非常深刻的印象。后来听说他的事业和财物都重归于零。

俗语说"富不过三代"，如果孩子从小没有正确的价值观，要如何期待他脚踏实地又独立自主？当下一代幸运地品尝上一代留下的甜美果实时，却不懂得一分耕耘，一分收获，又岂能期盼子子孙孙能聪明地善用每一分钱？父母应该陪着小孩共同实践于每日的消费中，这么简单的致富道理，或许就是留给自己孩子最深的影响和最重要的资产。

每个人或许都会有些与别人不同的机遇，在造就成功之时，能不能珍惜且善用资源，就成为人生下一阶段起落的重要关键！有的人能继续登峰造极，而有的人在登上成功的第一个山头时便渐渐衰退。

俗话说："创业维艰，守成不易。"深究原因其实很复杂，但其中一项很重要因素便是对金钱和财富的管理能力。很多父母都认为，金钱的运用和财务的管理距离孩子太遥远，不需要从小教育，然而，财商的智能需要透过逻辑思考的过程，让孩子自己记账，学习应用金钱，也是培养孩子学会取舍，克制过多欲望，训练高层次思考、解决问题的重要能力。

让我们一起思考

● 对于孩子来说，什么才是真正的财富呢？是银行账户里的数字，还是任其予取予求的物质资源？如果从小没有就了解如何运用货币，建立正确的概念，对于这些"理所当然"的钱财，孩子成年后自然就会懂得适当使用吗？

● 不论任何观念，对于孩子来说，都像颗生命爆发力的种子，它们长成大树，开花结果，都需要引领灌溉。财商的能力亦是如此，如果你不从种子期开始培育，怎能期待孩子长大后自己就具备能力？

分享时间

在美国有个众人皆知的秘密，所有父母都期待子女尽早学会财务独立自主，所以众多理财书很流行，但是相对以身作则的比例却非常低。因为大多数人都陷入财务危机的状况中。所以可以说，理财教育是生存教育的一部分。运用金钱的价值观念，应由父母落实于生活中，以身作则"爱物惜物"的习惯，为孩子形成隐形资产树立良好的典范。

亲爱的家长，给孩子零用钱的同时，记得也要给孩子一本账册，这是教导孩子靠实力追求梦想的开始。

第五章

着眼未来 才显格局

考试总动员

教育使一个人发现自己是谁及发现做人的义务。

——马斯洛

遇到小学学童，我常会问："你的爸爸妈妈爱你吗？"

年纪较大的孩子常会思索一下，然后回答我说："有时候爱，有时候不爱。"

我又问："为什么你会这样想呢？"

孩子不假思索地对我说："如果考试考得很好，爸妈都给奖励，很爱我；如果考不好，就会责备我，觉得我表现得太差。所以我觉得有时候爱，有时候不爱！"

我想孩子这样回答绝非是父母心中的答案，而且我相信，如果同样的问题询问家长想必会得到相同的答案，大家会一致回复："我爱我的孩子！"

仔细探究这个问题，到底是哪一个环节出了状况？难道是亲子互动的模式和沟通方式所表现出来的态度，让孩子产生如此不确定，还是孩子发现在父母的眼中，只有考试成绩是决定父母对待孩子的态度，而并不是孩子本身？

难怪，孩子稍微长大后，总是害怕考试，认为考试是非常可怕的凶神恶煞，甚至不惜违反规定也要扭转或逃避。我相信这种想法可能也是孩子的亲身经验，他们从老师身上也得到和家长相同反应后所产生的，"考试＝可怕"成为牢不可破的心理阴影。

我总是在想，当孩子还小时，家长觉得还不需要在乎考试成绩时，考试这件事反而能达到真正的"目的"和"用意"。也就是说那时的考试是对孩子学习理解力的评测，通过考试可以更具体帮助孩子厘清学习上的盲点，形式也可以更多元。曾几何时分数高低已经开始限制孩子、老师及家长的视野，进而成为亲子间互动的新屏障？也会误导孩子认为父母对他们的爱是有代价的？

让我们一起思考

● 如果你的孩子也是认为父母对他的爱是与考试成绩息息相关的，你会有什么想法？

● 如果你很在乎孩子的成绩，你觉得原因或担心的是什么？

● 除了成绩以外，你能不能举出你的孩子有哪些表现或态度，是让你感到非常欣慰的？

● 你有没有做过什么事，让孩子觉得学习是一件"还算有趣"的事？

分数，是父母与孩子的交换条件？

对许多父母来说，孩子的考试是家庭极为重大的事情，全家严阵以待，取消所有的活动，甚至是工作岗位上的任务。目的仅是为了做孩子的陪读，甚至在考试前还会以种种的利诱作为获取分数的交换，无所不用其极，只希望挤出孩子的每一分能力。

甚至有些父母不善于扮白脸，按捺不住脾气直接采取威吓警告的方式。孩子畏惧权威，长期紧张应对的压力已远远高过对于学习的兴趣，但是久而久之疲乏了，孩子可能只剩下极为消极、缺乏意愿或排斥的学习态度。

对于父母、孩童，如果考试已成为全家总动员的重要大事了，这真的好吗？

记得女儿在读小学时也会向我邀功，说她常考 100 分像其他同学一样有奖品吗？我总将其比喻为大人在职场，把岗位的职责做好是责任，是天经地义的事；身为学生，知识的学习是学生的责任，即便你侥幸考 100 分，或者为了奖品而追求 100 分，妈妈都不会为了这样的成绩为你感到高兴。

但是，我也同时告诉女儿，只要你很用功、努力，即使没有考得很高分，妈妈也不会因此生气或失望，因为学习是为自己，你反而要知道考这样的分数是真的不懂，还是不小心答错，同时要利用这个机会把不懂的知识搞懂。

当然父母也要有这样的体认，虽然读书是孩子现阶段的"工作"，了解知识的内化，远比分数的追求来得更为重要。绝对不要将对孩子的关心转化为条件或筹码，更不要误导孩子的学习态度，学习并不是为了与他人做比较，或者为了顾全父母的面子，父母要跳脱这样的思维，正视分数背后的真正意涵，才不会让爱变成交换条件，毕竟这都不是考试的真谛。

填鸭式学习把孩子教笨了

我女儿在 13 个月时开始学会走路了，那时候也没有长半颗牙。我有些担心，就去请教医生，结果医生反问我："你有看过天生不长牙齿的人吗？"

我说："没有。"

医生又问："那你急什么？"

当时我脸红了，是啊！牙齿要用一辈子，慢点儿长又有何关系呢！我怎么可以这么不信任自己的孩子啊！虽然很晚长牙，但是女儿一路成长从来没牙疼过，也没有半颗蛀牙，牙齿非常健康、漂亮。

每个正常的孩子都具有与众不同的能力，像是吸奶、翻身、学坐、学爬、学走路……其实幼小的生命没有我们想象的那么脆弱，在每一个人的生命里面都潜藏着无比活力和学习本能。

常有家长这么抱怨："你看有些小学生、中学生，长大了为什么还不愿意自动自发勤奋学习呢？"

你的问题太好了！现在的教育方式太讲求速成，处处可见填鸭式教学，你的孩子功课不好很正常啊！因为聪明和好奇心大的孩子，在硬邦邦又无趣的教学环境中，非但无法激起他的学习欲望，反而经常浇熄刚刚冒出芽的兴趣，所以大部分孩子已经养成被动的学习习惯。

加上家长喜欢把学习和分数挂钩，听话的小朋友，就变成你叫我做啥，我就做啥。因此也造就一批有学历没创造力的高学历族，而那些特别好奇或有想法的孩子，一旦脱离单轨式的应试学习，就得需要靠自己的意志力来获得幸福或肯定。

有一项研究天才儿童的追踪调查，报告显示，被发现的亚洲籍天才资优儿童，居然很大的比例出现在西方国家。为什么？照人口比例和天才比例来分配，这个数据很矛盾对不对？但实际的状况的确如此，我认为最关键的因素在于教育观念和教育方法，深深地影响儿童真实能力的发展，这是很值得我们深思的问题。

我们一直在沿用"过去的方式"教"现代的孩子"去面对"未来的问题"。不重视因材施教，无法激发自主学习动机，一切只为了竞争而学习的教育，就等同于埋没人才的教育方式，枉费了父母一番苦心，也苦了孩子一辈子呀。速成和过度仰赖分数的教育，非常难找寻到与生俱来爱学习的天性。

让我们一起思考

- 你是习惯跟孩子谈条件的父母吗？过度利用交换条件的方式，是不是误导孩子对于事物价值观的扭曲？

- 你有没有发现孩子学习的态度愈来愈消极，甚至愈来愈排斥？

- 你有没有试图寻找，除了学习成绩外，对孩子未来影响更重要的事？

- 你能不能找出时间与方式，与孩子谈谈心啊，聊聊彼此的想法。切记，不是单向沟通或责骂，而是多听听孩子的想法！

分享时间

在中国古谚中有云：“求木之长者，必先固其根本；欲流之远者，必浚其泉源。”考试主要的目的，是要让孩子们了解自己的学习状况，学会内化知识，身为父母，期许自己的小孩能够在社会竞争力中茁壮是必然的，但是如果让孩子误解了分数是父母、师长评断的依归，便会模糊教育之于孩子成长的焦点。让教育内化，才是真正的学习之本。

女儿的外国 FANS

儿童的心灵是敏感的，它是为着接受一切好的东西而敞开的。如果教师诱导
儿童学习好榜样，鼓励仿效一切好的行为，那么，儿童身上的所有缺点就会
没有痛苦和创伤地不觉得难受地逐渐消失。

——瓦西里·亚力山德罗维奇·苏霍姆林斯基

我有一位助理拥有一项令大家折服的好本事，他能熟背整本英语辞典。只要你请教他任何单词，他便会指指他的字典，得意地告诉你在第几页的第几行，而且几乎从未失手过。

此项特殊才能赢得非常多的赞叹，但却是从小在爸妈棍棒下的成就。可是奇怪的是当他碰到外国人便羞于开口，甚至不敢与老外沟通，那种对英文骄傲自信的感觉，仿佛只是黄粱一梦。

我试问他究竟什么原因，得到的回答是："我的英语是硬背出来的，鲜少用说，也因此一旦遇到外国人，虽然有足够词汇在脑海排列，但是没有信心把脑海中的词句说出来，最后就只能支支吾吾变得很不自在。"

所以一直到现在，书写还是他跟外国人沟通的主要方式，纵使文笔很好，不能随心所欲地说英文还是他最大的烦恼。

许多家长都体认到语言的重要性，尤其是国际语言——英语，因此在孩子很小的时候，很多父母便急着安排孩子上英语课程，让孩子在生硬的学习中硬要把英语背出来，目的无非希望孩子多一项本领、多一份竞争力，将来好与国际接轨，出人头地。

当然，从父母的角度思考立意固然良善，但方法和效果却不见得如想象那般有效，父母是否有想过多了这一项"本领"孩子真的能够灵活运用吗？

再则也有许多父母也会在经济状况允许条件下，直接就把孩子送到国外就学，期待在环境中耳濡目染下，孩子可以成为更有国际视野的国际人，让孩子可以提早踏上国际大道。但是我也常常听到悔不当初的家长，虽然英语及生活没有问题，但是成长、心理及品性可能有了一些不是预期的变化，这是因为孩子也许不适合或还没准备好，而父母却不太了解。

家长普遍认为只要把英语学好就是国际化或国际人，但对全世界来说，语言只是一项必备的沟通工具，但绝非是成为国际人唯一需要的能力。我们汲汲营营把孩子的英语能力培养好，顺利送到国外，却发现英语再好也没有比当地的外国人好，所以移民或留学生的优势并不在于把英语学好就 OK 了！

更何况在可预见的未来，中文也将会在国际占有一个重要的地位，但是如果关注的只是"沟通语言"，而没有相对的内涵与优点，就像许多人都学会英文，敢不敢对谈是一回事，就算能听说读写，但骨子里还是食古不化的那一套，是不是就可以称得上国际人来迎接潮流？我想也未必吧！

让我们一起思考

● 能不能回想一下，当初你是如何学习英语（或其他外语）的？你觉得你可以用它流利地表达自己的想法，以及与外国朋友沟通吗？

● 请回想一下，你的孩子是如何学习中文的？

● 如果你有能力或计划把孩子送到国外学习，你确定真的了解国外的教学及生活的环境和方式吗？你的孩子了解吗？

● 你的孩子能不能够了解你为他制订的学习计划？你确定孩子准备好了吗？

比学会技能更重要的事

当年女儿刚到墨尔本一所学校就读时，学校几乎没有华人学生，开始我确实有点儿担心女儿的适应问题。开学不久，老师为促进彼此的了解，邀请同学们准备一项才艺或兴趣跟大家分享，女儿选择当众挥毫，用毛笔字写了一首诗。

教室内的外国孩子，当看到女儿用一支软软的毛笔，竟能写出如图案般复杂的中文方块字赞叹不已！这时女儿还将诗的意境向同学们详加描述，只有 20 个字的五言绝句，句句都能表现如此优美的意境，让老师和同学们就更加赞赏了！

这些外国孩子和老师透过近距离地接触中华的文化和艺术，引发了对中国文化的兴趣与好奇，而那幅书法作品，还被校方悬挂在图书馆里，让更多人欣赏。女儿也透过这次的分享，觉得自己固有文化能在国外被欣赏而感到开心，当众挥毫让她赢得许多的友谊和粉丝，很快就融入了新的校园生活。

当女儿与我分享这段经历时，我十分开心，女儿通过展现自己原生文化，反而更快速地融入不同文化的圈子中，让我感到欣慰。也让我感受到外国人对于其他文化的包容与尊重，值得大家共同学习。语言不是唯一交朋友的方式，带着自己原生文化、美学、美食、故事与外国人分享，是最好的国民外交和获得友谊的最佳方式。一个真正具有国际观的人，除了要接纳不同文化优点，还要具有阅读世界的独立思维，而处在地球村的孩子，也需要培养不同的视角和文化差异的包容心。

现在有很多学生都有深刻的交流体验，我觉得是让孩子打开视野看世界的好机会。在实际的交流活动中，更容易观察到教育与文化的差异，激发交换生开创更多元化思维与见解。借着交流把好的一面带回国，把不好的一面提出来作为借鉴，透过互动交流与沟通，学习到的不仅仅只是皮毛，也让内化后的思维更加活络。

当然在学习他人的文化和交流之前，应该更积极地先充实自己的文化内涵，扩大所见所闻。这样，即使无法用流畅的英语畅所欲言，但你在外国人的眼里，依然是一个可以被尊敬和受欢迎的"外国人"。

让我们一起思考

- 美国《世界日报》曾经有一篇让我很感慨的报道，文中叙述不管是不是为了寻求更好的国际教育，或是企盼得到外国文凭，愈来愈多的父母把还未成年的孩子送到美国上小学或中学，希望以此为跳板将孩子送入美国名校的大门。对如此年幼的孩子来说，无论是独自一人住校，或者能寄宿在接待家庭的生活，其实都不轻松，也并非快乐。

- 该媒体近期亦有一篇专文讨论小留学生因为生活习惯、心态与适应问题，以及生活形态与教育方式的落差，让很多原本热情的寄养家庭都不愿意再接受小留学生。归纳问题不外乎：吃完饭不洗碗，头发掉一地不收拾，煮东西不留意火，见面不打招呼，出门晚归不通报，无视脏乱不收拾，还要大人来帮忙整理。这些孩子的说辞总是千篇一律，"这些事我以前都不需要做"。

  如果我告诉你，孩子依赖、不独立的个性其实也是"学习"而来的，不知道你会有什么想法与感受？回想与孩子的相处，你们插手孩子生活自理、课业学习、计划构思和面对问题等事宜到什么时候？如果孩子发现他根本不需要花精力去面对这些事，甚至去面对还会被你们唠叨指责，这些经验"学习"下来，孩子可能脑海中根深蒂固"这些事就是应该爸妈帮我做才对"的惯性。

- 陌生的环境、文化、语言等因素，让原本父母期望为孩子争取到站上成功起跑线的目的变调，反而让孩子面对的是无奈、孤独与恐惧和无助。我诚心提醒各位父母，千万不要忽视留学低龄化为孩子带来的伤害，如果你和孩子都没有做好充足的准备——包含经济、身体和心理，盲目出国很容易让还无法完全独立面对是非的孩子，在最需要家人协助和温暖时，感到彷徨与无助而误入歧途，最后成为父母一意孤行的牺牲品。

分享时间

教育学家苏霍姆林斯基认为，如果一个人在童年的时候，就体验克服自己弱点的满足，那么他就会以独立思考的态度看待自己。同样地，想要让孩子可以跃上国际舞台，成为有竞争力的孩子，也需要让孩子克服语言上的劣势，独立思考出属于个人的竞争能力及融入世界的适应力，成为独一无二的佼佼者。

雅拉河开学记

面临危机才知英雄无几。

——拿破仑·波拿巴

女儿在视讯的另一端兴高采烈地与我分享最近一次的探险之旅，这是国外的另一种教育方式。

她是从七年级开始进入这所学校就读，学校的开学并没有特别安排例行性的开学典礼仪式，但是会依照学生不同的年级分别安排 7~12 天不同天数的野放活动，这次她们是安排搭车到墨尔本雅拉河流域展开溯溪活动。

发源于雅拉山的雅拉河是澳洲维多利亚州中部偏东的一条河流。1835 年墨尔本在这条河的下游建城。最后它在菲利普港的最北端注入哈伯森氏湾。

　　游览车将学生载到雅拉河流域的上游，便让同学下车展开一连串的考验。同学们沿途只能靠着徒步、泛舟、攀岩、骑越野脚踏车等交通工具往下游移动。每天傍晚每个小组到达预定的停靠点以后，辅导老师会招集小队长，并且宣布："今天晚上提供几包食材给各位，我知道大家已经饥肠辘辘了，不过还是一样，请同学们自行炊食和搭建帐篷。"

　　野放活动的进行是以小组为单位，每一位小组成员都必须轮流担任小组长，工作任务就是观察和照顾成员的体能状况，以及发生问题时做出决策。

　　晚餐后，小组长必须负责带领小组成员一起讨论及回顾当天小组所发生的事件，轮班担任第二天小组长的则会接手和成员事先讨论下一天的行程和注意事项，同时决策分配每位组员的任务。经过一阵协调，大家便开始分头准备明天的工作。

到了营火晚会时间，所有小组还会聚集起来举行表演或比赛等活动，有时老师还会弹奏吉他，为这群因疲惫而躺着看星星的孩子们唱几首催眠曲。经过这次活动，女儿明显晒黑了，白白的牙齿、深深的小梨窝，她笑得很灿烂，我可以感受到她内在的充实感与快乐。

当女儿充满回味地与我分享此趟户外活动的经验时，我心里无比欣慰，我喜欢这样的教育方式，让孩子学习生活中的技能和经验，以取代课堂教条式的刻板与死记，学习领导与被领导的能力，学习策划与执行的能力，学习合作与分配，学习安排与责任，学习欣赏与接纳，学习独立与承担。

我回忆起女儿分享中的一段插曲："我们曾经要过一段湍急的流域，交通工具是两人一艘的小舟，面向前方的同学负责指挥方向，背对前方的同学负责划桨，有时水流蜿蜒湍急，指挥的同学都还来不及说明往左往右，一阵手忙脚乱就翻船了，两人赶紧爬回船上一阵大笑，接着又继续协力地往前划。"

在这样的过程中，孩子是不是体验得更深刻，也可以收获得更多呢！我想这样的体验，是大多数孩子接触不到的一块领域。

当然沿途的体验活动中虽然已经做过充分的安全考虑，但仍然有可能会出现让华人家长们心惊肉跳意料之外的脱序演出。例如，有一段野放行程必须用攀岩方式经过一个狭窄的岩壁，有位同学走到一半趴在岩石上不敢前进，并且大叫，老师很平和地向他喊话："我知道你现在很紧张，但是在深山除了你自己静下来面对问题，其他人都没有办法协助你，不过如果你要等到明天才下决心，我也可以在这里陪你等。"这位同学最后还是鼓足勇气，在同学的鼓励之下，终于通过这项考验。

　　如果同样的状况发生在您的孩子身上，身为父母的你会用什么样的方式面对呢？是不是有办法先屏除个人的担心，冷静地让孩子自己学习面对，并且通过考验呢？

让我们一起思考

● 如果是你，你会让孩子参加这项活动吗？为什么？

● 在这样的活动中，你觉得孩子可以学习到哪些能力？

● 如果不是用这样的方式，你觉得还可以有哪些方式，也可以让孩子学习这些能力？

● 面对岩壁上紧张的孩子，如果是在安全的范围内，你觉得那位老师处理的方式妥当吗？

　　如果是你，会如何处理呢？

除了课业，我们的孩子还学到了什么？

我们不妨思考一下，学生透过情境教育的辅助，开学前段能让同学如此紧密地生活在一起接受考验，建立友谊和同理心，并借这次合作，建立团队默契，开阔视野，体验生活。用这种教育方式来取代同学之间的学业竞争，是多么难能可贵的思维！反观现在的父母似乎都不太鼓励孩子从事这类户外运动，一方面担心危险，怕孩子吃不了苦，一方面怕浪费太多时间耽搁课业。

大人在教育孩子时，时常会给孩子一些精神性的学习指标，比如：友爱、互助、分享、合作，但现实的学习环境、方式和情境，却缺乏实践的内涵而流于表象的言教，每位父母都期盼自己的孩子成为人中龙，人中凤，但那种大气、格局与胆识要从何而来？

在一次演讲会上，一位母亲很含蓄地表示不求孩子大富大贵，但期盼他的孩子在 40 岁时自己有能力经营一家企业，生活幸福、平安，不缺钱就可以了。刚开始听似乎很务实，但是课本应该没有教如何美满幸福，这位慈母可能必须想一想，如何让孩子在成长过程中，学习到开创成功的企业和拥有圆满人生的能力，如果只是一味要求课业成绩，又将如何达成这样的愿望呢？

有一回女儿和同学正热烈地在讨论一份研究报告，这是国外老师常给学生的学习方式。组员们为了争取更高的荣誉，积极地分配作业，彼此间不但学会更有效能的沟通能力和尊重他人的素养，在团队合作中更容易发掘自己的优势，同时欣赏与尊重别人的专长，这不就是成功老板最应该学习的功夫吗？

我们现阶段的教育制度主要以考试为主，而校园里也有不少孩子考试第一，但是生活的独立能力非常低下。在现今愈来愈没有分界的国际舞台，这些孩子也许都能拥有不错的学历，但是否真的具备同等竞争的能力，就值得大家关注了。

我也常常看到一种现象，孩子把考卷拿回家后，在学校名次的压力下，家长总喜欢问孩子，他最要好的同学或时常被提及名字的同学考几分？一比高下后便引来一阵批评的声音。这会使得孩子的内心充满矛盾，既是最好的朋友又是父母常常拿来比较的竞争对手，在自我保护的意识之下渐渐失去友谊和对他人的信任。

曾经有位担任大学教职的朋友与我分享，他提及在德国大学任教时，很多学术发展都是不分科系、跨领域的共同研究，因此科学的发展都较为领先，相对的有些国内学者申请了研究经费，却关起门来各自闷着头做自己的研究，由于缺少专业整合和宏观性，除了在学术上丧失竞争力，也影响国家的发展，这就是格局问题！

"成绩"不代表"成就"，"学历"不等于"能力"。如果我们把教育孩子的高度停留在 10 层楼，又怎能期盼孩子登上 100 层楼看到更广阔的风景呢？教育的功能不在于督促孩子应付考试的单向功能，父母、师长都必须把眼光放远，更多的是要帮助我们的孩子学习更高层次的内涵，拥有更广的视野，让孩子更懂得善用自己的优势与他人合作和分享，让孩子领略 1 + 1 > 2 的利他观念和人生智慧。

让我们一起思考

● 我们的教科书里，也不会教导孩子如何与人有效沟通，也不会教导孩子如何在困境中学习突破，倘若企业家的父母均期待自己的孩子有幸福、美满的人生，那我们现在思想、行为上，需要做出哪些正确的决策呢？是不是该学会放手和授权，才能成就孩子"企业家"的人生？

● 孩子的人生路上，不论是工作还是家庭，往往会出现不可预期的种种状况，这些状况，有些父母可以做好预防。但人生往往都是防不胜防，计划赶不上变化，回归教育层面，父母该用什么样的方式培育孩子呢？是不是应该有办法先屏除个人的担心，而让孩子自己学习，来度过种种的人生考验？

● 如果当你有机会回过头来看，也许你会发现，长大后伴随孩子面对人生的能力，有很多的都是你们曾经不放心，抢过来做的部分。相信那时候你可能会反省，如果当初提早让孩子有这些经验，他的成长会不会更顺利，处理事情的能力更强呢？

分享时间

我常说："人生就像金字塔，我们都期待孩子成为金字塔顶端的佼佼者，但是都忘了格局需要稳固的基石堆栈。"而在培育未来企业家的过程中，想尽办法减少孩子跌倒的痛楚，也相对剥夺他们累积基石的契机，当孩子的人生成为倒三角的格局，最后也终成不堪一击的局面，只有通过实践中学习累积经验，才能成就不同格局。

第六章

无法替代的环境教育

自动学好的环境

要改变一个人，先改变他的环境。

——约翰·杜威

先与大家分享两个故事。

那是一个下午 4 点多，我就近搭乘公交车去办事，同时也有一位母亲带着一对就读小学的姐弟上车。这位妈妈和年纪小的弟弟坐在前排，而姐姐则坐在后面一排独立的位子上。

也许是因为闷热的天气，又加上刚放学，随着车子的摇晃，小女孩儿很快地打瞌睡了；车子过了几站，一位有点年纪的妇人手提了一大袋的物品上车，公交车也才刚起步，妇人便急躁地拍拍那位正在瞌睡中的小女孩儿说："喂！小朋友，老师没有教过你要让座给长辈吗？"

小女孩儿被突如其来的举动吓了一大跳，还没来得及做出反应，老妇人已经开始在车厢内高声抱怨："现在的学校都不知道在教学生什么，小孩子都不会尊重长辈，连让座的礼貌都不懂……"

其他乘客的目光都被这位妇女的抱怨声音给吸引过来，前排的妈妈当然也听到了妇人的抱怨，当下觉得很没有面子，连忙转过身站了起来提高音调劈头就教训小女孩儿道："妈妈不是教过你要让座吗？赶快起来！下次不能这样，真不懂事。"我看到小女孩儿的表情充满委屈，红着眼眶站了起来，眼中隐忍着无辜和当众被羞辱的眼泪……

霞红是我认识独自带着孩子来到海外当小留学生的母亲之一，不可避免地她经历了许多辛酸的历程和转折，也经历着心理的变化，除了面临语言、文化、思维与习惯迥异的环境，还要长时间在这人生地不熟的地方生活，的确不是一件轻松事。

比起国内的学习氛围，在海外虽然有着相对轻松活泼的环境，但也会关注于课业以外的学习，也许是习惯使然，霞红对于孩子小博的学习仍然战战兢兢，常常插手介入。

开学后一段时间，小博特别被要求提早一个半小时到学校，因为老师发现他连最基本的游泳技能都不会，于是要他利用上课前的时间加强这方面的练习；但霞红无法理解校方的用意，加上她和先生小时候就因为担心危险不希望他去接触水上活动，所以特意去跟校方反映：他们并没有期望孩子在这里当游泳选手，请老师不必单独加强训练小博。

国外的学校大大小小假期很多，通常当地孩子的父母会利用假日带着孩子一起规划时间的运用，安排去旅游，露营探险，或在家动手整理家务，种种花草，当个小木工或体验烹饪等，是以家为本与孩子一起探索和体验生活；但霞红非常无法理解这冗长的假期，老师居然没有给学生半点功课，老师的说法"既然是假日就是给你们利用时间做你们想做的事情"她也无法认同，反而有种"时间浪费掉了"的感觉。

所以当霞红听到国内亲戚的孩子都利用课余及假期安排超前的补习，身在海外的她心里更着急，同时也觉得孩子的课业太简单轻松了，进度实在是太慢了，于是孩子的假期也像在国内一样被补习完全淹没。

刚入学时，霞红一方面要给小博实质上的鼓励；另一方面她也有私心，想让孩子在外国同学面前展现一下经济实力，所以给他买了最先进时尚的手机和计算机，这的确在同学之间是最酷炫等级的设备，但并没有让小博得到同学特别的青睐。午餐时间同学们大都坐在草地上吃着简单的三明治，啃着芹菜根、苹果等，小博独自吃着鲍鱼干贝做的大汉堡。霞红天天叮咛着孩子，咱们花这么多的钱来这里读书一定不能吃亏，所以上课需要用到什么设备时动作一定得快，得争取，不能输给人家。还有一点是花钱来学习的，告诉小博绝不能被派去做打扫厕所之类的劳动服务……

　　霞红一连串的不吃亏理论和竞争比赛的思维，导致小博在校园的生活圈中明显有着格格不入的疏离感，而这一切看在霞红的眼里，皆被解释为外国人的"种族歧视"。

　　父母常说希望能提供给孩子一个好的环境，也的确环境就是一面最明亮的镜子，我们都希望孩子能自然而然地学好，但我们是这个环境的正向提升力量吗？是否在言行举止上足够用心？我们希望孩子拥有良好的道德规范，却在现实生活中，处处给孩子最差的示范，这样的环境缘木求鱼，对于教育的理想期望也越来越远。

"人"是环境的创造者和诠释者

　　在蒙台梭利的书里也有一段值得深省的故事，有位小男孩听从老师的教导，在父亲回家时为父亲捧水喝，这原本是一个培养孩子孝顺父母的行为，但是父亲看到小男孩的举动，顾不了孩子的动机，心急地阻止了孩子的善念，着急地对孩子说："小心！杯子破了怎么办？"小男孩面对父亲的反应并不能体会父亲是基于保护他的心态，反而觉得父亲在乎的是手上的杯子，而不是他。

　　某一天父亲的朋友带着小女孩儿来家里做客，母亲同时倒了两杯水请客人喝。小女孩儿不小心把杯子翻倒打碎了，着急地哭了出来，父亲连忙安慰小女孩说："杯子打破了没关系，你没有被碎玻璃刺到就好了……"

　　在一旁的小男孩儿经历过这两个事件，也许会在他的心中得出一个总结：原来在爸爸的心里，杯子远比自己重要，小女孩儿又比这杯子重要……可能就产生了自卑，这就是儿童的心理。

　　当幼小的孩子在建构自己的"我"时，往往来自于父母的言行、周遭环境的

互动与回馈，通过这些元素与经验进而归纳出对自我的认知。而这些细腻又敏感的思维，很少被父母重视到，甚至常在互动的过程中，不自觉和无意间造就了孩子心灵层次和人格素质的水平分野，甚至植入了孩子更多负面的特质。

因此，当我们在探讨环境时，很多父母会想如果经济许可，要把孩子送到贵族学校，能力许可，要把孩子送到令人称羡的名校，似乎这样就能让孩子万无一失，殊不知硬件只是环境元素中一小部分，人为的素养才是攸关环境好坏的关键与症结所在。

道德的经纬不是空口说白话的学问，唯有建立主动学好的环境，才能深化在每位公民的素质之上。

让我们一起思考

● 如果你是那位小女孩儿，你觉得你错了吗？为什么？

● 霞红认为孩子无法融入同学之中是因为"种族歧视"，这个观点你认同吗？

● 从那位小男孩儿父亲的反应，你可曾想过自己也有相类似的行为和动作？

● 如果你觉得前面的故事造成孩子负面的学习及感受，是哪一环出了问题？

● 如果你是前面故事中孩子的父母，你会不会有什么不同的处理方式？你又会怎么做？

千金难买好环境

美国著名教育学家约翰·杜威曾经说过："要改变一个人，先改变他的环境。"这句话除了简单说明环境教育的重要，也蕴含着强大的行动力。

就像中国历史上"孟母三迁"的例子，孟子 3 岁丧父，孟子的母亲，为了让孩子不被人耻笑，成为更有成就的人，大举搬家 3 次，最后才在学校附近定居安定下来。

有一次我接到一位父亲来电话询问幼儿园的状况，他比一般的父母更为细心地问许多关于幼儿园办学理念、教学方式、师资、管理等的问题，过了一星期我又再度接到这位父亲的电话，他表示要带女儿来参观幼儿园。

隔天这位父亲依约带着一位非常可爱的小女孩儿来园区，这次他更加细致地观察校园的每个角落与教学的过程，在征得女儿的同意后，他终于决定帮女儿报名入学。

这位父亲是一家非常盛名的国际集团的法律总顾问，他对于女儿的教育非常投入，令我非常感动与敬佩。就在他女儿毕业的典礼上，我特别邀请这位父亲致辞，他在致辞时说出一个连我都不知道的秘密。他说，当他决定让女儿就读幼儿园时，最在意的不是"教什么"和"学什么"，而是孩子在什么环境中学习。于是他翻着电话簿打了 50 多个电话，再从其中筛选 10 多家幼儿园，并带着女儿一家一家地参观，最后他选择这里。

他叙述的时候，感觉自己当时的用心非常值得，为孩子找到了真正适合学习的环境。这时，台下响起一片热烈的掌声让我红了眼眶，除了与有荣焉的心情外，更多的感动则来自于这位父亲对孩子的爱。

就以公交车上的母亲为例，年幼的小女孩儿因为睡梦中突然被叫醒，还搞不清楚妇人要她让座的状况就开始被指责，虽然尊重长辈的观念一定要建立，可是母亲不明事理的劈头大骂，主要的原因其实是作为家长的面子挂不住，这不仅无法建立那个小女孩儿的是非观念，甚至会在她的亲子关系中蒙上一层阴影。

再想想霞红一家人既然都已付出了很大的代价，换取了自己认为在更好的大环境中生活和学习，若不能意识或拔除窠臼的思维和扩展眼界，那么一切的付出皆"以若所为，求若所欲，犹缘木而求鱼也"。

我总结孟母的智慧：要让孩子拥有高尚品格与源源不绝的能力，绝非来自于金钱的堆砌，更非填鸭式的人为学习。"教"在学习的层次上，往往只是一种传递和复制的形式，这也是让很多学子常常不知为何而学的困惑。很多父母对孩子有不同的愿望，将来成为医学家、高科技专家、大企业家、生物学家或赫赫有名的艺术家，但如果没有耳濡目染，没有长期熏陶又如何培养出这样的人才？你听过一位不常接触音乐的人，突然就能成为音乐大师吗？这就是我想强调"环境教育"的威力与重要性，也是父母的"理想"与"幻想"之间很关键的落实问题。

在寻求优质环境与教育的时候，除了金钱之外，更需要父母将心中那份强大的爱，透过智慧转化成行动力。一味地制定规矩，强迫孩子遵守，却没有给予良好与成熟的示范，这样的做法，往往也会在孩子的心中建立社会规范的假象。身为万物之灵很可贵的部分在于"高层次的文化传承"。

让我们一起思考

- 当我们在教导孩子是与非时，我们多半是用什么样的方式引导呢？孩子从这些方式中，又获得了什么不一样的经验呢？

- 不论什么样的年龄，孩子都是一个独立的个体，需要透过父母正确的示范及社会的共同观感中学习建立秩序，我们是否曾经因为在公开场合中，过于想要保护自己的威严，而不明理由地责怪孩子？这样，他们又怎么会学到真正的道理呢？

- 很多医生传承世代行医，音乐家有杰出的音乐家后代，这跟 DNA 没有关系，但跟"环境"的影响却有着密不可分的关联！

- 身为父母都知道形塑环境很重要，但是有没有认真思考过，在有限的条件中，父母自身该怎么做？哪些是不可能变动的条件？还有哪些是可以为孩子创造，进而可变动的元素呢？

分享时间

我深信，每位父母对孩子的付出，永远是无怨无悔且不求回报的。当孩子从父母身上感受到良善的爱意，相信日后也将以感恩的心，将这份亲情之爱回馈给父母。

而环境质量的好坏，其实和金钱、地位并没有画上等号，却与环境中的人文与修养息息相关。父母的爱给得有"智慧"，孩子在恰如其分的温暖中才会孕育出具有勇气、能力、爱、慈悲和感恩的性格。

坐着站着躺着都要看到艺术品

从本质上来说，艺术是一种终极表现形式，尽管它没有一个明确的结尾，它本身所具有的影响力，可以推进精神力量文化的发展，进而有益于整个社会沟通氛围的提升。

——伊曼努尔·康德

让环境与孩子交心

艺术的珍贵在于透过艺术本身的传递，能触发人们心灵的视野与心灵空间的无限伸展。我热爱艺术，并且幸运地与一群艺术家朋友为伍。

记得创办幼儿园之初，我跟周边的艺术大师提及，我想要办一所坐着、站着、躺着都可以看到艺术的幼儿园，我觉得人要拥有美学的能力，第一步不是技巧的学习，而是在环境中就近的洗礼与熏陶。

由于工作的关系，我走访过非常多的幼儿园，环境的布置几乎是千篇一律的**卡通**，也许是大人很制式地取悦孩子的一种方式吧！有的学校甚至贴得琳琅满目，**事实上**，这些都已造成孩子学习时的视觉障碍。

艺术大师们很慷慨，一方面是他们能认同我的看法，同时觉得孩子的心灵世界应该存有更多的色彩与想象空间，每位大师都豪爽地答应了。当我请设计师把裁切好的画布分别送到他们的画室，每位大师都笑了！看到这么巨幅的画布，都觉得上了我的当，但最后我收回来的每张画，都蕴藏着画家们的童心未泯与艺术的意境，非常精彩！

生活在这样的校园里，每个人都好幸福，音乐像条潺潺的溪流萦绕四周。轮番上阵的艺术真迹，有如空气般自然地到处飘散。每个月的第三个周末安排校园活动，是幼儿园家长聚会的日子，我们称它为"咖啡走廊"。由于现代年轻的父母孩子都生得很少，新手父母在经验缺乏下，非常需要跟随着孩子一起成长，一起学习。

为了鼓励这些忙碌的父母能更积极地参与亲职教育的学习，我把亲子讲座的活动改为更轻快的活动方式。当天下午，家长们带着非常轻松的心情参与到活动中，喝喝茶或咖啡都行，还供应西式茶点。只要家长们喜欢，都可以自由享用！

"咖啡走廊活动"的前 50 分钟是音乐、艺术欣赏的时间，我邀请各类型的音乐家来到幼儿园里，用不同的乐器为家长演奏各种不同的乐曲。此外，我也会邀请艺术收藏界的好朋友，请他们带着昂贵无比的艺术珍藏引导父母们一起鉴赏。

朋友总会问我："为什么一定要分享最名贵的画呢？有些作品也很精彩！"

没错！我也认同，但是父母普遍很少，甚至从不带孩子去看画展，有机会我当然想尽量给父母们看到比较具有代表性的，希望通过激发家长对于名画的好奇心，进而培养对艺术品的欣赏，这么做可以说是用心良苦啊。

活动的压轴是最后一小时的亲职教育交流时间。有一次我安排一本幼儿绘本作为当天读书会的内容，刚开始父母都觉得这只是一本孩子看的绘本，故事内容太简单了，内容就是一只大熊和一只小老鼠的故事。

大熊和小老鼠是相依为命的好朋友，在生活上它们彼此互相帮助，但是它们却天天为了不同的意见吵架，彼此都觉得非常困扰，于是它们决定分开生活。

但是这么做，它们觉得既孤单又不快乐，于是就开始试图寻找相处的方法。后来终于发现，因为大熊和老鼠的体形和身高都不同，看事情的角度自然也不相同，因此彼此感情虽然很好，但却难以沟通。最后大熊学会每当要决定事情时，就先蹲下来从老鼠的角度看一下，轮到老鼠决定事情时也会爬到大熊的肩膀上看看再做决定。

这个话题引来父母诸多的讨论，原来自己和孩子也有着大熊和老鼠的问题！透过绘本的传达激发父母很多的反思，从不太在意的心态到深度的探讨，脸上的表情和泛红的眼神柔和了不少。

每个月的咖啡走廊活动，渐渐成为家长们重要的活动，慢慢地我把"这里没有你的孩子，没有我的孩子，只有我们共同的孩子"的共识，作为幼儿园一个核心价值与校园特有的文化。

让我们一起思考

● 你有带过孩子去美术馆、艺廊和图书馆吗？最近一次是什么时候？大概多久一次？

● 你有陪孩子一起读书、看绘本，和倾听孩子分享他所看到的事情和想法吗？最近一次是什么时候？大概多久一次？

● 你觉得常常有机会去美术馆和图书馆耳濡目染，常常能够和父母一起阅读讨论所见所闻；和从来没有机会做这些事情的孩子，哪一位可能比较有美学欣赏的能力和丰富智慧？为什么？

● 如果有机会，你希望带孩子一起做什么事？为什么？

孩子是最无价的宝藏

当你站在 30 层楼的高度时，眼界所能看到的是 30 层楼的风景，当你站在 100 层楼高时，自然就领略 100 层楼的广度和气势。

父母站在什么高度带孩子，孩子心里的视野与未来的格局，相对地也会被带到不同的高度。用昂贵的艺术品引发父母的好奇心，只是一种进阶的手段，一旦父母被引领到艺术殿堂，进而让音乐、艺术的种子也能自然而然地走入家庭，随着父母的喜好，让孩子有机会长期浸入这样的家庭氛围中自然会逐渐被熏陶。

有一次我阅读杂志，看到纸风车剧团的采访，有人问剧团团长，刚开始找赞助会不会很困难，团长回答道："当然非常困难，因为人家会问，钱为什么不拿给小孩子作为营养午餐费？看戏会饱吗？看艺术表演一下子就过去了，他们会留下什么印象？"很多质疑与我们美好的出发点是完全不一样的，但是我依然强调：艺术的力量不在于艺术本身，而在于培养内在所不能被量化的心灵层次与蕴藏在其中的能量。台湾这么小，必须有创意，才能够对新的问题提出新的解决方法。这段采访让我感触很深，为什么很多产业，虽然已经发展久远，却还是迟迟无法摆脱代工的形态呢？也许就是一切都出自于原创力的不足吧。

没有创意就没有办法创造跃上国际的品牌，这是结果。回归主因，还是在于孩子从小对于艺术及美学价值的潜移默化程度。很多人常常在问："如何让一个品牌跃上国际舞台，甚至历久不衰。"其实这跟美学的根基都是有环环相扣的因果关系的。

2009 年的夜晚，古又文，来自台湾，父亲在他 3 岁那年意外身亡，从此由母亲从事劳力工作将其抚养长大，他击败来自世界各地超过 1000 位的参赛者，得到美国艺术机构 Gen Art 所颁发的"前卫时装奖"。评审之一的设计师贾雯兰睁大眼睛，看着古又文的作品，对他说："You are so talented！ You should be proud of yourself！"（你太有才华了！你应该为自己感到骄傲！）世界众多品牌设计师也对古又文的作品惊叹不已，甚至对他提出邀约："我觉得你的作品够成熟，已经可以成为品牌了，明天你一定要来我的工作室，让我看看你的 portfolio（代表作）。"这世界上从事服装设计的人，如过江之鲫，毫无背景的古又文，如何在国际舞台上博得众人的青睐呢？

事实上，古又文备受肯定的品牌竞争力，并非仅在服装表现上，而是他个人独特的艺术眼光，打破织品窠臼，这种独特的眼光，成为他在品牌创作上的最大资产。当年他将美术的各种素材，大量运用在织品上，让他站上世界级舞台中央的得奖作品，其实是他读研究生时所设计的作品，大胆尝试不同材质、橡胶、塑料绳，企图呈现雕塑感的效果，不会手工编织的他就像在创作艺术品一样，找书来看，然后一针一针地在人台模特儿身上编织，尝试勾出各种形体，花费半年时间，终于创作出一系列毫无接缝、美丽壮观的"羊毛雕塑"。这不仅让他跃上国际舞台，第二年更在台北市立美术馆举行了为期一个月的"破界·Breakthrough"服装雕塑展，他是第一位以服装作品进入美术馆展览的台湾服装设计师。

让孩子接触艺术，目的不是培养艺术家，而是透过艺术，让美学进入孩子的内在，不论是任何表达艺术的形式或美学，皆深具含义。在无声的世界里，透过颜色、线条等，将情感及意念，流畅地传达和表现出来，这些创意的元素正是启迪孩子内在视野的极高养分。

让我们一起思考

● 教育不仅是花钱购买的专业，更是深究生活的经验累积，也是需要被引领的眼界。现在的我们，也许在 30 层楼的角度看世界，那么有一天，你想要看 100 层楼的风景时，又要如何努力爬上去呢？如果是 30 层楼，每天慢慢爬升，总有一天，我们也能看到 100 层楼的风景，您怎么看呢？

● 一个城市的先进，往往体现在美学精粹的传播程度，下次当我们花高价购买华服锦食前，是不是也愿意将费用省下来，带孩子去听一场所费不赀的交响乐呢？

分享时间

一件流行的衣物，可以保存多久呢？但是一件艺术品，极有可能源远流长，且保存在博物馆中。孩子的学习动机，绝大多数都是从父母开始，在俯拾即是的艺术环境中，自然而然就会让他们浸润在艺术氛围中，尽管不是每个孩子都将成为伟大的画家，也会将其内在的感受转移至工业设计、产品创新，这一份无形的传播力量，往往是当今教育中常被忽略的，也是未来孩子从事开创性工作时会面临的瓶颈。

后 记

幸福存折

　　每个人一出生就会有一本自己的存折。这本存折内容无关乎数字，但里面承载着来自父母、家庭和周遭环境的人、事、物等，透过经历与内化的储存，孕育着生命的能量。

　　人从呱呱落地的那一刻开始，就会像海绵一样不断地从外吸收，不管是红、黄、蓝、绿、黑、白，抑或是灰，生命依循着这些储存的元素，逐渐建构一个独立的"自己"。

　　父母与家庭是每个生命存折里最大的金主。爱与智慧的启导，是生命中最幸福的筹码。伴随着成长的变化，存折里有存入，也有提取，幸福感的能量多，就能带领着生命勇于攀越高峰，跨越眼前多重的障碍与考验，让生命变得更宽广，更厚实、更有重量。

　　孩子一辈子所需要的财富，远远超过父母认为直接给予的金钱所能满足的。当我们手上握有一颗珍贵的种子时，你会将它撒在何方？大海、溪流、没有阳光的土壤、有阳光却没有水的土地？生命的奇迹除了种种可贵的机缘，而支持生命茁壮的力量则源自于幸福的存折。

　　当有一天，孩子羽翼丰厚，有足够的能力去翱翔，挑战自我的极限时，请不要因为地理位置的距离而觉得失落，因为幸福存折里的心和你本心的距离是最近的。当有一天我们年老到了说再见时，孩子的幸福存折里，也许还留存许多他想告诉他孩子关于我们的幸福故事。